Köstlichkeiten

mit Käse aus der Schweiz

Die 101 beliebtesten Rezepte

Impressum

Herausgeber:
LPV Lebensmittel Praxis
Verlag Neuwied GmbH
Hermannstraße 40
56564 Neuwied
Telefon: (02631) 879- 0
Telefax: (02631) 879-137
e-mail: lebensmittel.praxis@t-online.de
Internet: http://www.lebensmittelpraxis.de

in Kooperation mit:
Käse Schweiz GmbH
Neue Poststr. 17
85598 Baldham

Konzept und Realisation:
Heidrun Mittler (Lebensmittel Praxis)
Christian Pelka (Käse Schweiz)
Layout: Prodialog^{2000}, München
Fotografie: Bodo A. Schieren, München
Satz: Dagmar Koch (Lebensmittel Praxis)
Lithografie: NetAtWork, Neuwied
Druck: Görres Druckerei, Koblenz

Für die freundliche Unterstützung geht unser Dank an:
Gerd Ruhle, Hamburg (Foodstyling)
Silvie Schmidt, München (Styling und Requisite)
Thimian Einrichtungen, München
Interieur, Innendekoration und Wohnaccessoires, München
Leupoldt Interieur, Schauenstein
Restaurant India-Town, München

ISBN 3-88688-232-2

Köstlichkeiten

mit Käse aus der Schweiz

Die 101 beliebtesten Rezepte

Schweizer Köstlichkeiten einfach aufgetischt

In der kleinen Schweiz hat gutes Essen schon immer eine große Rolle gespielt. Das hängt nicht zuletzt damit zusammen, daß sich bei unseren eidgenössischen Nachbarn deutsche, italienische und französische Einflüsse aufs Köstlichste vereinen. So entstanden im Laufe der Zeit in den verschiedenen Schweizer Kantonen abwechslungsreiche, phantasievolle Gerichte, die jeden Gourmet begeistern. Deshalb hat die Schweizer Küche auch weit über die Landesgrenzen hinaus große Berühmtheit erlangt.

Die übersichtliche Zusammenstellung der 101 beliebtesten Rezepte mit Käse aus der Schweiz macht es für Sie jetzt besonders einfach, auf Feinschmecker-Tour zu gehen und die vielfältigen Köstlichkeiten bei sich zu Hause auf den Tisch zu bringen. Damit verwöhnen Sie nicht nur die anspruchsvollsten Gaumen Ihrer Gäste, sondern natürlich auch Ihren eigenen.

Guten Appetit!

Inhalt

Vorspeisen

Suppen

Nudel-, Risotto-, Kartoffelgerichte

Vegetarische Gerichte

Fischgerichte

Fleischgerichte

Herzhaftes Gebäck

Schweizer Klassiker

Hinweise zum guten Gelingen:

Die Rezepte sind generell für 4 Personen berechnet.

Einige Rezepte tragen den Hinweis „Eignet sich auch als Single-Rezept". Will man nur eine Portion zubereiten, kann man die Menge der Zutaten vierteln, Öle und Fette allerdings benötigt man (fast) in der angegebenen Menge.

Bitte beachten Sie, daß die Vor-, nicht die Zubereitungszeit angeben ist! Die Vorbereitungszeit umfaßt beispielsweise das Waschen, Putzen und Kleinschneiden der Zutaten.

Die Temperaturangaben für den Backofen beziehen sich auf Ober-/Unterhitze.

Vorspeisen

Rezept: Seite 29

Zutaten

- 300 g Fischfilets (Felchen, Forelle, Hecht usw.)
- 2 Eiweiß
- weiche Butter für die Formen
- 0,25 l Crème double oder Panna (Kochsahne)
- 50 g Greyerzer Switzerland, gerieben
- Salz, wenig Cayenne-Pfeffer
- wenig Curry-Pulver
- einige Tropfen Zitronensaft
- 1 Lachsforellenfilet (ca. 300 g), in vier Stücke geschnitten
- Zitronenpfeffer
- Butter für die Folie

Gemüse:
- 20 g Butter
- 2 Möhren, geschält, in feine Streifen geschnitten
- 200 g frischer Spinat oder 100 g tiefgekühlter Blattspinat, in Streifen geschnitten
- Salz, Pfeffer, wenig Muskatnuß

Vorbereitungszeit:
ca. 15 Minuten

Fischmousseline mit Gemüse

- Die Fischfilets häuten und zusammen mit dem Eiweiß in der Küchenmaschine oder dem Mixer hacken. Durch ein Sieb streichen und 30 Minuten in den Kühlschrank stellen.
- Vier Portionsformen mit Butter ausstreichen und kühlstellen.
- Die Crème double oder Kochsahne und den Greyerzer eßlöffelweise unter die Fischmasse arbeiten und würzen.
- Die Hälfte der Masse in die Förmchen verteilen, je ein Stück gewürztes Lachsforellenfilet daraufgeben und mit der restlichen Masse bedecken und glattstreichen. Mit bebutterter Alufolie verschließen.
- Die Förmchen in ein heißes Wasserbad stellen (sie sollten zu 2/3 im Wasser stehen); das Wasser darf nicht kochen. Zugedeckt auf dem Herd 15 - 20 Minuten pochieren.

- Die Möhrenstreifen in der Butter knapp gardünsten, den Spinat zufügen, kurz mitdünsten, würzen und warmstellen.
- Die Mousselines auf vorgewärmte Teller stürzen und mit dem Gemüse umlegen.

Sojabohnensprossen mit Käseflädli

Zutaten

Omelettenteig:
- **3 Eier**
- **50 g Sbrinz Switzerland, gerieben**
- **50 g Greyerzer Switzerland, gerieben**
- **0,1 l Milch**
- **etwas Salz, Pfeffer**
- **3 Stengel Petersilie, gehackt**
- **1 EL Butter**

- **250 g frische Sojabohnensprossen**
- **50 g junger Spinat, geputzt**

Sauce:
- **4 EL Weißweinessig**
- **Salz, Pfeffer**
- **3 Zweige Majoran, gehackt**
- **1 EL Instantbouillon, abgekühlt oder**
- **1 TL Sojasauce**
- **8 EL Sojaöl oder Sonnenblumenöl**

Vorbereitungszeit: ca. 20 Minuten

- Sämtliche Zutaten für den Teig vermischen und in der erhitzten Butter zwei große, dünne Omeletten (also „Flädli") ausbacken und auskühlen lassen.
- Anschließend halbieren, in dünne Streifen schneiden und mit Sojabohnensprossen vermischen.
- Vier Teller oder eine flache Platte mit Spinatblättern belegen und die Salatmischung bergartig darauf anrichten.
- Sämtliche Zutaten für die Sauce zusammen verquirlen und darüber gießen.
- Sofort servieren.

Friséesalat Rustico

Zutaten

Sauce:

- **1 kleine Zwiebel, gehackt**
- **1 Knoblauchzehe, durchgepreßt**
- **Salz, Pfeffer**
- **1 Tupfer Senf**
- **3 EL Rotweinessig**
- **6 EL Pflanzenöl**
- **1/2 Bund Schnittlauch**

- **1 kleiner Friséesalat, gewaschen**
- **60 g Sbrinz Switzerland, grob gerieben**
- **2 mittlere Tomaten, geschält, entkernt, in Würfel geschnitten**
- **60 g Speckwürfel**

Vorbereitungszeit: ca. 20 Minuten

- Sämtliche Zutaten für die Sauce zusammen verquirlen.
- Den Frisée auf vier Tellern verteilen, mit dem Sbrinz bestreuen und die Tomatenwürfel darüber verteilen.
- Die Speckwürfel in einer Bratpfanne goldbraun braten und über den Salat geben.
- Mit der Sauce beträufeln und sofort servieren.

- Der Salat kann auch noch mit einem hartgekochten, halbierten Hühnerei garniert werden.

Gemüse-Piccata

- Die Auberginen mit der Schale in 3-5 mm dicke Scheiben schneiden.
- Die Milch mit dem Salz aufkochen, die Auberginenscheiben hineingeben und ca. 1 Minute kochen. Abgießen und auf Küchenpapier trocknen lassen.
- Die abgekühlten Auberginenscheiben sparsam und beidseitig in Mehl wenden.
- Die Eier verklopfen, mit Salz, Pfeffer, Oregano und Sbrinz mischen, die Sahne darunterrühren, 15 Minuten ruhen lassen.
- Die Zucchini mit der Schale in Scheiben von 2-3 mm Dicke schneiden. Mit Salz und Pfeffer würzen und sparsam in Mehl wenden.
- Die Auberginen- und Zucchinischeiben durch den Teig ziehen und im Butterschmalz beidseitig goldbraun braten. Auf Küchenpapier beidseitig abtropfen lassen, warmstellen.

- Für die Sauce Essig, Salz und Pfeffer miteinander verrühren.
- Das Olivenöl, die Kräuter und zuletzt die Tomatenwürfel beigeben.
- Die warme Piccata mit der Vinaigrette und garniert mit den Kerbelblättchen servieren.

- **Tip:** Als Hauptgericht die Vinaigrette weglassen und die Piccata auf gedämpftem Spinat oder Risotto servieren.

Zutaten

- 2 kleine Auberginen
- 0,5 l Vollmilch
- 1/2 TL Salz
- 1 EL Mehl
- 2 Eier
- Salz, schwarzer Pfeffer aus der Mühle
- 1/2 TL Oregano, gehackt
- 50 g Sbrinz Switzerland, gerieben
- 1 EL Sahne
- 2 kleine Zucchini
- Salz, Pfeffer aus der Mühle
- 1 EL Mehl
- 30 g Butterschmalz

Balsamico-Vinaigrette:

- 2 EL Balsamico-Essig
- Salz, Pfeffer aus der Mühle
- 4-5 EL kaltgepreßtes Olivenöl
- 1 Bund grobblättrige Petersilie, fein gehackt
- 1 Bund Kerbel, fein gehackt
- 3-4 frische Koriander-Blätter (nach Belieben)
- 3 Tomaten geschält, entkernt, in Würfel geschnitten
- Kerbelblättchen für die Garnitur

Vorbereitungszeit:
ca. 25 Minuten

Rote Bete-Käsesalat

Zutaten

- 100 g Feldsalat oder Kresse
- 2 große Rote Bete, gekocht, geschält, in feine Streifen geschnitten
- 1/2 kleiner Sellerie, geschält, in feine Streifen geschnitten
- 1 TL Zitronensaft
- 1 roter kleiner Apfel, mit Schale, geviertelt, entkernt, in feine Scheiben geschnitten
- 1 TL Zitronensaft
- 200 g Tilsiter Switzerland, in Würfel geschnitten

Sauce:

- 1 kleine Zwiebel, gehackt
- Salz, Pfeffer
- 1 TL Senf
- 3 EL Rotweinessig
- 6 EL Sonnenblumenöl
- 1-2 EL Sauerrahm

Vorbereitungszeit: ca. 40 Minuten

- Feldsalat oder Kresse, Rote Bete, die mit Zitronensaft beträufelten Selleriestengel und Apfelscheibchen sowie den Tilsiter auf vier Tellern anrichten.
- Sämtliche Zutaten für die Sauce zusammen verquirlen und über den Salat verteilen.
- Sofort servieren.

Zucchinisalat mit Käse

- Die Zucchini in der Fleischbouillon 2-3 Minuten blanchieren, abschütten. Die Bouillon auffangen und beides auskühlen lassen.
- Zucchini und Greyerzer sorgfältig mischen, auf einen Teller anrichten und mit Friséesalat oder Feldsalat ausgarnieren.
- Sämtliche Zutaten für die Sauce zusammen verquirlen und über den vorbereiteten Salat verteilen.
- Die Speckwürfel in einer Bratpfanne glasig braten und über den Salat streuen.

Dazu paßt ein kräftiges Bauernbrot.

Eignet sich auch als Single-Rezept.

Zutaten

- **4 mittlere Zucchini, in feine Streifen geschnitten**
- **0,8 l Fleischbouillon (Fertigprodukt)**
- **300 g Greyerzer Switzerland, gestiftelt**
- **einige Blätter Frisée- oder Feldsalat**

Sauce:

- **4 EL Weißweinessig**
- **4 Zweige Petersilie, gehackt**
- **2 TL Kapern, gehackt**
- **2 Schalotten, gehackt**
- **1 Knoblauchzehe, durchgepreßt**
- **8 EL Olivenöl**
- **Pfeffer aus der Mühle**
- **8 EL Fleischbouillon (Fertigprodukt)**
- **80 g Speckwürfel**

Vorbereitungszeit: ca. 20 Minuten

Zutaten

- 4 kleine Frühlings-zwiebeln, halbiert
- 300 g Zuckerschoten
- 1-2 Auberginen, in Scheiben geschnitten
- 1 TL Salz
- 4 kleine Zucchini, in Längsscheiben geschnitten
- 6 EL Olivenöl
- Salz

Sauce:

- 3 EL Weinessig oder 2 EL Sherryessig
- Salz, Pfeffer aus der Mühle
- 2 Zweige Thymian, abgezupft
- 1/2 Bund Schnittlauch, gehackt
- 6 EL Olivenöl
- 150 g Greyerzer Switzerland, in sehr dünne Scheibchen geschnitten

Vorbereitungszeit: ca. 20 Minuten

Jardinière

• Die Frühlingszwiebeln in Salzwasser 1/2 Minute, die Zuckerschoten 2 Minuten blanchieren. In ein Sieb geben, mit kaltem Wasser überbrausen, gut abtropfen und auskühlen lassen.
• Die Auberginen mit Salz bestreuen und 5 Minuten ziehen lassen.
• Anschließend den entstandenen Saft abgießen, die Scheiben mit kaltem Wasser überbrausen und mit Küchenpapier trockentupfen.
• Das Olivenöl erhitzen und die Auberginen- und Zucchinischeiben darin goldgelb braten. Herausnehmen, auf Küchenpapier abtropfen und auskühlen lassen.
• Die Zucchini mit wenig Salz bestreuen.

• Sämtliche Zutaten für die Sauce zusammen verquirlen.
Das Gemüse und den Greyerzer auf Tellern anrichten und mit der Sauce beträufeln.

Eignet sich auch als Single-Rezept.

Feinschmeckersalat Bellelay

- Den Tête de Moine auf einer Girolle (spezielles Gerät, mit dem man den Käse schabt) in Röschen drehen.
- Käseröschen, Frisée und mit Zitronensaft beträufelte Champignons auf Tellern anrichten.
- Sämtliche Zutaten für die Sauce zusammen vermischen und über den Salat verteilen.
- Man kann auch einen halben Tête de Moine kaufen (horizontal halbiert). Er ist gut haltbar; einfach mit Folie abdecken.

Eignet sich auch als Single-Rezept.

Zutaten

- 200 g Tête de Moine Switzerland
- 1 kleiner Friséesalat
- 50 g braune Champignons, in Stäbchen oder Scheiben geschnitten
- wenig Zitronensaft

Sauce:

- 3 EL Rotweinessig
- Salz, Pfeffer, kleiner Tupfer Senf
- 1 Schalotte, gehackt
- 1 Knoblauchzehe, durchgepreßt
- 2 Zweige Petersilie, gehackt
- 1 kleiner Zweig Dill, gehackt
- 6 EL Olivenöl

Vorbereitungszeit: ca. 10 Minuten

Zutaten

- 1 kg grüner Spargel
- 10 g Butter
- 1 Prise Zucker

Sauce:
- 2 EL Sherry- oder Rotweinessig
- 1 Schalotte, gehackt
- Salz, Pfeffer
- 1/2 Bund Schnittlauch, gehackt
- 2 EL Nußöl
- 2 EL Sonnenblumenöl

- 150 g Emmentaler Switzerland, in sehr dünne Scheiben geschnitten
- 100 g gekochte Garnelen

Vorbereitungszeit:
ca. 15 Minuten

Lauwarmer Spargelsalat

- Den Spargel waschen, im unteren Drittel schälen, mit Küchenfaden zusammenbinden und in viel Salzwasser unter Zugabe von Butter und Zucker knapp gar kochen (ca. 10-15 Minuten).
- Sämtliche Zutaten für die Sauce zusammen vermischen.
- Spargel aus dem Sud heben, auf Küchenpapier etwas abtropfen lassen und für den Salat die Spitzen abschneiden. Den restlichen Teil für eine feine Suppe verwenden.
- Spargel mit Käsescheiben und Garnelen auf Tellern anrichten und mit der Sauce beträufeln.

Eignet sich auch als Single-Rezept.

Antipasto mit Spargel

- Sämtliche Zutaten für die Tomaten-Vinaigrette gut zusammen mischen.
- Spargelspitzen (etwa 3 cm lang) abschneiden und beiseite legen, die Spargelstangen quer halbieren und längs in dünne Scheiben schneiden. Butter und Zucker in schwach gesalzenes Wasser geben und die weißen Spargelscheiben darin ca. 9-10 Minuten, die grünen 6 Minuten köcheln.
- Mit einer Schaumkelle herausheben und gut abtropfen lassen.
- Auf vier Tellern anrichten, mit der Vinaigrette beträufeln, mit Käse und Spargelspitzen belegen und mit Pfeffer bestreuen.

Eignet sich auch als Single-Rezept.

Zutaten

Tomaten-Vinaigrette:
- 2 Schalotten, gehackt
- 2 reife Tomaten, geschält, entkernt, in Würfel geschnitten
- 2 EL Rotweinessig
- 1 TL Aceto Balsamico, nach Belieben
- 2 Zweige Basilikum, gehackt
- Salz, Pfeffer aus der Mühle
- 5-6 EL Olivenöl, kaltgepreßt

- 8 weiße Spargelstangen, geschält
- 8 grüne Spargelstangen, geschält
- 10 g Butter
- 1 Prise Zucker
- 60 g Sbrinz Switzerland, gehobelt
- Pfeffer aus der Mühle

Vorbereitungszeit:
ca. 20 Minuten

Löwenzahn-Käsesalat

Zutaten

- 100 g Löwenzahnblätter
- 300 g Emmentaler Switzerland, in Scheibchen geschnitten
- je eine rote und gelbe Paprika, entkernt, in Würfel geschnitten
- 150 g gekochte Ochsenbrust oder Tafelspitz, in feine Scheibchen geschnitten

Sauce:

- 3 EL Rotweinessig
- Salz, Pfeffer
- 1/2 TL Senf
- Worcestersauce
- 1 Schalotte oder Zwiebel, in Streifen geschnitten
- 3 Blätter Bärlauch, gehackt
- 6 EL Sonnenblumenöl

Vorbereitungszeit:
ca. 15 Minuten

- Die Löwenzahnblätter gut waschen und auf vier Tellern auslegen.
- Emmentaler, Paprika und Fleisch sorgfältig mischen und auf die Blätter verteilen.
- Sämtliche Zutaten für die Sauce zusammen verquirlen und darüber träufeln.

Käsesalat mit geräucherter Gänsebrust

Zutaten

- 100 g Feldsalat
- 3 große Möhren, in feine Streifchen geschnitten
- 180 g Tilsiter Switzerland, in sehr feine Streifen geschnitten
- 200 g geräucherte Gänsebrust, in dünne Scheiben geschnitten

Sauce:

- 1 TL Sherryessig
- 2 EL Rotweinessig
- Salz, Pfeffer, wenig Knoblauch
- 5 EL Olivenöl

- Die Kerne von 1 Granatapfel (nach Belieben)

Vorbereitungszeit: ca. 15 Minuten

- Die Salatzutaten auf vier Tellern anrichten.
- Sämtliche Zutaten für die Sauce zusammen verquirlen und über den Salat träufeln, mit den Granatapfelkernen bestreuen.

Eignet sich auch als Single-Rezept.

Zutaten

- 50 g rote Linsen
- 0,3 l Gemüsebouillon (Fertigprodukt)
- 1 EL Butter
- 1 kleine Entenbrust
- Salz, Pfeffer, Paprika, Rosmarinpulver
- 150 g Tilsiter Switzerland, grob gestiftelt
- einige Blätter Frisée-Salat

Sauce:

- 1 Tupfer Senf
- Salz, Pfeffer
- 3 EL Rotweinessig
- 6 EL Öl
- 1 TL Joghurt, natur
- 1/2 Bund Schnittlauch, in feine Röllchen geschnitten

Vorbereitungszeit:
ca. 10 Minuten

Linsensalat mit Entenbrust

- Die Linsen in der Bouillon 10 Minuten köcheln lassen, in ein Sieb gießen, kurz kalt überbrausen und gut abtropfen lassen.
- Die gewürzte Entenbrust in der erhitzten Butter rundum anbraten. Die Hitze reduzieren und die Brust beidseitig je 3 Minuten braten.
- Herausnehmen, in Alufolie wickeln und 5 Minuten ruhen lassen.
- Linsen, Tilsiter und Friséeblätter auf 4 Tellern anrichten.
- Sämtliche Zutaten für die Sauce zusammen verquirlen und über die Salatzutaten träufeln.
- Die Entenbrust in Scheiben schneiden und dazulegen.
- Sofort servieren.
- Die Linsen brauchen nicht eingeweicht zu werden.

Eignet sich auch als Single-Rezept.

Gemüsesalat mit Kaninchen

- Möhren längs in dünne Scheiben und anschließend in Streifchen schneiden, ebenso die Zucchini.
- Die Bohnen längs in schmale Streifchen schneiden und das Gemüse nach Sorten getrennt in Salzwasser kurz blanchieren.
- Herausnehmen, abschrecken und gut abtropfen lassen.
- Die Zwiebelstiele in Ringe schneiden und für die Sauce verwenden, die Zwiebeln selbst für ein anderes Gericht nutzen.
- Die Kaninchenfilets würzen und im heißen Öl rundherum gut anbraten. Herausnehmen, mit Alufolie bedeckt 5-10 Minuten ruhen lassen und anschließend in Scheiben schneiden.
- Sämtliche Zutaten für die Sauce zusammen vermischen.
- Gemüse, Käse und Fleisch auf vier Tellern anrichten, mit den Zwiebelringen garnieren und mit der Sauce beträufeln.
- Dieser Salat kann auch mit Blattsalaten ergänzt werden (z.B. Chicorée, Lollo rosso).

- **Tip:** Anstelle der Kaninchenfilets können auch andere Fleischarten verwendet werden, zum Beispiel Lammfilets oder Wachteln.

Eignet sich auch als Single-Rezept.

Zutaten

- 4 dicke Möhren, geschält
- 4 dünne Zucchini
- 150 g grüne Stangenbohnen
- 4 Kaninchenfilets (ca. 400 g)
- Salz, Pfeffer, Paprika, einige Tropfen Tabascosauce
- 2 EL Öl oder Butter

Sauce:

- 4 Frühlingszwiebelstiele
- 3 Zweige glatte Petersilie, gehackt
- Salz, Pfeffer, Worcester-Sauce
- 4 EL Rotweinessig
- 6-8 EL Olivenöl
- 2 EL süße Sahne, nach Belieben
- 300 g Emmentaler Switzerland, in feine Streifchen geschnitten

Vorbereitungszeit: ca. 25 Minuten

Zutaten

- 200 g frisches Lachsfilet
- 200 g frisches Seeteufelfilet
- Weißer Pfeffer aus der Mühle

Sauce:
- 1 Becher Sauerrahm
- 1-2 EL Weißwein
- 80 g Greyerzer Switzerland, fein gerieben
- Salz, Pfeffer, Currypulver
- 1 Zweig Dill, gehackt
- 50 g Forellenrogen oder Osietra-Kaviar
- 4 Zweige Dill, zum Garnieren

Vorbereitungszeit:
ca. 10 Minuten

Fisch-Carpaccio mit Käsecrème

- Die Fischfiletstücke vom Händler in feine Scheiben schneiden lassen, wie Rauchlachs.
- Zuerst die eine Fischsorte auf Klarsichtfolie zu einem Rechteck auslegen. Mit Pfeffer bestreuen, mit der zweiten Fischsorte belegen und ebenfalls mit Pfeffer bestreuen.
- Das Ganze aufrollen, in die Klarsichtfolie einpacken und mindestens 3 Stunden in den Gefrierschrank oder -truhe legen.
- Sämtliche Zutaten für die Sauce zusammen vermischen und kühlstellen.
- Anschließend die Fischrolle in hauchdünne Scheiben schneiden, auf großen flachen Tellern anrichten und einige Minuten ruhen lassen.
- Etwas Sauce in die Mitte geben und mit Forellenrogen und Dill garnieren.
- Restliche Sauce separat dazu servieren.
- Die Fischrolle kann auch 2 Tage vorher zubereitet und im Gefrierschrank gelagert werden.

Gourmet-Salat

Zutaten

Sauce:
- 2 EL Balsamico oder Rotweinessig
- Salz, Zitronenpfeffer
- 5 EL Sonnenblumen- oder Traubenkernöl
- 1/2 Bund Schnittlauch, in feine Röllchen geschnitten

- 2 reife Avocados
- 2 EL Zitronensaft
- 150 g Emmentaler Switzerland, in breite, dünne Scheiben geschnitten
- 150 g Gänse-, Enten-, Hähnchen- oder Kalbsleber, in Scheiben oder Streifen geschnitten
- Salz, Pfeffer, wenig Paprika
- evtl. 1 EL Butter

Vorbereitungszeit:
ca. 15 Minuten

- Sämtliche Zutaten für die Sauce zusammen verquirlen.
- Die Avocados halbieren, entkernen, schälen und in Scheiben schneiden. Mit dem Zitronensaft beträufeln und mit dem Emmentaler auf Tellern anrichten.
- Die Leber würzen, rasch rundum anbraten und auf die Teller verteilen. Alles mit der Salatsauce beträufeln und sofort servieren.

- **Tip:** Gänse- und Entenleber werden ohne Fettzugabe in einer beschichteten Pfanne gebraten.

Eignet sich auch als Single-Rezept.

Käsesalat Hawaii

- Bei der Ananas den Stielansatz und die Blattkrone entfernen und die Schale großzügig wegschneiden.
- Die Frucht vierteln oder sechsteln, den holzigen Mittelteil entfernen und die Stücke in Scheiben schneiden. Mit dem Tilsiter, dem Apfel und dem Thunfisch mischen und zusammen mit dem Salat auf vier Tellern anrichten.
- Alle Zutaten für die Sauce zusammen verrühren und über den Salat verteilen.
- Die Mandelstifte in der Butter hellbraun rösten und über den Salat streuen.

Zutaten

- 1 kleine, frische Ananas
- 300 g Tilsiter Switzerland, in Scheiben oder Würfel geschnitten
- 1 kleiner rotschaliger Apfel, entkernt, in Scheiben geschnitten
- 1 Dose rosé Thunfisch in Lake, in Stücke gebrochen (200 g)
- 100 g Salat (z.B. Eisberg-, Frisée-, Chicorée-Salat oder Lollo rosso)

Sauce:

- 1 EL Mayonnaise
- 4 EL Weißweinessig
- Salz, Pfeffer, wenig Cayenne-Pfeffer
- 1 Messerspitze Currypulver
- 8 EL Olivenöl (kaltgepreßt)
- 1/2 Bund Schnittlauch, geschnitten

- 2 EL Mandelstifte
- 1 EL Butter

Vorbereitungszeit: ca. 20 Minuten

Pilz-Käsesalat

- Sämtliche Zutaten für die Sauce zusammen verquirlen.
- 2/3 der Sauce sorgfältig mit den Käse- und Tomatenwürfeln mischen. 5 Minuten ziehen lassen und auf vier Tellern verteilen.
- Die rohen Pilze dazulegen und mit der Kresse garnieren.
- Mit der restlichen Sauce beträufeln.
- Die Pilze können auch in Butter kurz gebraten werden.

Eignet sich auch als Single-Rezept.

Zutaten

Sauce:
- 3 EL kräftiger Weißweinessig
- 2 Schalotten, gehackt
- Salz, Pfeffer, kleiner Tupfer Senf
- 2 Zweige Petersilie, gehackt
- 2 EL Nußöl
- 4 EL Sonnenblumenöl

- 300 g Appenzeller Switzerland, in Würfel geschnitten
- 2 Tomaten, geschält, entkernt, in Würfel geschnitten
- 8-12 Champignons oder mittlere Steinpilze, in Scheiben geschnitten
- 50 g Brunnenkresse
- evtl. Chicorée oder Lollo rosso zur Dekoration

Vorbereitungszeit:
ca. 20 Minuten

Zutaten

- 150 g Lachsfilet
- 4 Jakobsmuscheln
- 1 EL frischer Zitronensaft
- 0,2 l Fischfond (Fertigprodukt)
- 250 g Sojabohnensprossen
- 50 ml Weißwein
- 6 Blätter Lattich, in sehr feine Streifen geschnitten
- 80 g Sbrinz Switzerland, gehobelt

Sauce:

- 1 Becher Sauerrahm
- 1-2 EL Rotweinessig
- Salz, Zitronenpfeffer
- 2 Zweige Dill, gehackt

Vorbereitungszeit: ca. 15 Minuten

Sprossensalat mit Fisch

- Das Lachsfilet in Streifen schneiden.
- Bei den Jakobsmuscheln den roten Rogen sorgfältig ablösen und das weiße Körperfleisch in Scheiben schneiden.
- Fischstreifen, Muschelscheiben und Rogen mit Zitronensaft beträufeln und im heißen Fischfond 1-2 Minuten gar ziehen lassen. Herausnehmen und auskühlen lassen.
- Die Sojabohnensprossen im Weißwein kurz dünsten. Herausnehmen und auskühlen lassen.
- Anschließend mit dem Lattich vermischen und auf vier Tellern anrichten.
- Fischstreifen, Muschelscheiben sowie den Rogen und den Sbrinz darüber verteilen.
- Alle Zutaten für die Sauce zusammen vermischen und über den Salat geben.

Suppen

Rezept: Seite 53

Kalte Lauchsuppe

- Lauch und Kartoffeln unter Wenden in der Butter andünsten. Anschließend einige Lauchringe für die Garnitur beiseite legen.
- Mit der Bouillon ablöschen und zugedeckt bei kleiner Hitze weichkochen (10-15 Minuten).
- Den Käse darin schmelzen, würzen und Suppe im Mixer oder mit dem Mixstab pürieren.
- Eventuell durch ein Sieb streichen und im Kühlschrank gut durchkühlen lassen.
- Mit dem Sauerrahm verfeinern, in einem Suppenteller anrichten, nach Belieben Graved Lachs und Sesamsamen zufügen, mit Lauchringen garnieren.
- Die Suppe kann auch mit gerösteten Brotwürfeln garniert werden.

Zutaten

- 20 g Butter
- 100 g Lauch, in Ringe geschnitten
- 1 mittlere Kartoffel, geschält, in Würfel geschnitten
- 0,3 l Fleischbouillon (Fertigprodukt)
- 40 g Greyerzer Switzerland, gerieben
- Salz, Pfeffer
- 1 EL Sauerrahm
- 50 g Graved Lachs, in feine Streifen geschnitten (nach Belieben)
- 1 TL Sesamsamen, geröstet

Vorbereitungszeit:
ca. 15 Minuten

Grießklößchen-Topf

Zutaten

- **30 g Butter**
- **3 Stengel Sellerieblätter, gehackt**
- **1 Zwiebel, in Streifen geschnitten**
- **1 kleine Stange Lauch, in Ringe geschnitten**
- **1/4 Knolle Sellerie, geschält, in Würfel geschnitten**
- **1,5 l Fleischbouillon (Fertigprodukt)**
- **2-3 mittlere Möhren, in Scheiben geschnitten**
- **2 dünne Stangen Lauch, in 1 cm lange Stücke geschnitten**

Grießklößchen:

- **0,3 l Milch**
- **0,3 l Wasser**
- **160 g Grieß**
- **2 Eier, verquirlt**
- **60 g Sbrinz, gerieben**
- **Salz, Pfeffer, Muskatnuß**

- **1 Bund Kräuter, gehackt (Petersilie, Dill, Majoran, wenig Basilikum)**
- **1 EL Tomatenmark**
- **100 g Sbrinz Switzerland**

Vorbereitungszeit: ca. 35 Minuten

- Sellerieblätter, Zwiebel, Lauch und Selleriewürfel in der Butter 5 Minuten dünsten. Mit Fleischbouillon ablöschen und 20 Minuten köcheln lassen.
- Anschließend absieben und die Bouillon in den Topf zurückgeben. Die Möhren beifügen und 10 Minuten köcheln, dann den Lauch beigeben und nochmals 10 Minuten köcheln und beiseite stellen.
- Für die Klößchen Milch und Wasser zusammen aufkochen, Grieß unter Rühren einlaufen lassen und unter ständigem Rühren zu einem dicken Brei kochen.
- Vom Herd nehmen, etwas auskühlen lassen, mit Eiern und Sbrinz vermischen, würzen und in zwei Portionen teilen.
- Die eine mit Kräutern, die andere mit Tomatenmark aromatisieren.
- Von den beiden Massen, mit Hilfe von zwei Teelöffeln, kleine Klößchen formen, in leicht kochendes Salzwasser streichen und 10-15 Minuten ziehen lassen.
- Die Gemüsebrühe nochmals erhitzen, die Klößchen mit einer Schaumkelle aus dem Wasser heben und in die Brühe geben.
- Bei Tisch mit Sbrinz bestreuen.

Pikante Curry-Bananencrème

Zutaten

- 2 mittlere Bananen, in Scheiben geschnitten
- 4 EL Sherry
- 3 TL Zitronensaft
- 0,6 l Hühnerbouillon (Fertigprodukt)
- 1 Briefchen Safran
- 2 EL Doppelrahm-Frischkäse
- 2 EL milder oder Madras-Curry
- Cayennepfeffer
- 60 g Sbrinz Switzerland, gerieben
- 2 Scheiben Pumpernickel, gehackt
- 1 kleine Banane, längs halbiert, in Scheiben geschnitten

Vorbereitungszeit:
ca. 10 Minuten

- Bananen, Sherry und Zitronensaft im Mixer pürieren und in einen Topf geben.
- Mit der Bouillon auffüllen, erhitzen, anschließend Safran, Doppelrahm-Frischkäse und Gewürze beigeben.
- Den Sbrinz darin schmelzen, kurz aufkochen und in vorgewärmten Suppentassen oder -tellern anrichten.
- Mit dem gehackten Pumpernickel und nach Belieben mit Bananenscheibchen garnieren.

- **Tip:** Mit dem Curry vorsichtig würzen. Es kann immer noch etwas zugefügt werden.

Zutaten

- 0,8 l Hühnerbouillon (Fertigprodukt)
- 4 EL trockener, weißer Wermut
- 2 große Möhren, in feine Streifen geschnitten
- 1 kleiner Kohlrabi, geschält, in feine Streifen geschnitten
- 100 g Champignons, in Scheiben geschnitten
- 3 kleine Frühlings-zwiebeln, in Ringe geschnitten
- 1 Hähnchenbrustfilet, in Würfel geschnitten
- 2 kleinere Kartoffeln, in Würfel geschnitten
- evtl. Salz, Pfeffer
- 4 EL Sbrinz Switzerland, gerieben (ca. 80 g)
- 250 g Blätterteig, tiefgekühlt
- 1 Eiweiß
- 1 Eigelb zum Bestreichen
- 4 EL Sbrinz Switzerland gerieben (ca. 80 g)

Vorbereitungszeit:
ca. 30 Minuten

Frühlingssuppe unter der Haube

- Hühnerbouillon, Wermut, Möhren, Kohlrabi, Champignons und Frühlingszwiebeln zusammen aufkochen.
- Hähnchenfleisch und Kartoffeln beifügen, kurz aufkochen.
- Etwas abkühlen lassen, abschmecken und in feuerfeste Suppentassen füllen.
- In jede Tasse einen Eßlöffel Sbrinz geben.
- Den Blätterteig mit dem Nudelholz ca. 2 mm dick ausrollen und 4 Kreise ausschneiden, etwas größer als die Suppentassen-Öffnungen.
- Die Ränder der Tassen mit Eiweiß bestreichen, den Teigdeckel darüberkleben und gut andrücken. Mit Eigelb bestreichen und im vorgeheizten Ofen (220° C) ca. 20 Minuten backen.
- Der Teigdeckel wird anstelle von Brot gegessen. Wer Lust hat, streut vor dem Essen nochmals einen Eßlöffel Sbrinz über seine Suppe.
- Mit einem frischen Salat ergibt dieses Gericht eine vollwertige Mahlzeit.

Rosenkohl-Suppe mit Käsekugeln

Zutaten

- **250 g Emmentaler Switzerland**
- **30 g Butter**
- **1 Zwiebel, gehackt**
- **1 große Kartoffel, geschält, in Würfel geschnitten**
- **350 g Rosenkohl, geputzt**
- **0,8 l Fleischbouillon (Fertigprodukt)**
- **2-3 EL Sauerrahm**
- **Paprika, Muskatnuß**

Vorbereitungszeit: ca. 10 Minuten

- Vom Emmentaler mit einem Ausstechlöffel kleine Kugeln ausstechen und zugedeckt beiseite stellen. Die Reste vom Emmentaler fein reiben und ebenfalls beiseite stellen.
- Die Zwiebel in der Butter glasig braten, Kartoffel und Rosenkohl zufügen, 3 Minuten mitdünsten und mit der heißen Bouillon ablöschen. Das Ganze 20 Minuten köcheln lassen.
- Anschließend einige Rosenkohlröschen herausnehmen und beiseite stellen.
- Die restliche Suppe im Mixer pürieren. In den Topf zurückgeben und kurz aufkochen. Den geriebenen Emmentaler darin schmelzen. Sauerrahm unterrühren und würzen, die zurückbehaltenen Rosenkohlröschen halbieren und in der Suppe erwärmen.
- In eine Schüssel oder in vier Tellern anrichten und die Käsekugeln zufügen.
- Sofort servieren.

Spargelsuppe

- Spargel schälen, die Spitzen abschneiden und beiseite legen.
- Die Spargelstangen in kleine Stücke schneiden und zusammen mit der Kartoffel in der Butter ca. 5 Minuten dünsten. Mit der Bouillon ablöschen und gar kochen.
- Anschließend im Mixer pürieren und durch ein Sieb streichen.
- Die zurückbehaltenen Spargelspitzen in Salzwasser weich kochen und warm stellen.
- Die Suppe nochmals erhitzen, eventuell nachwürzen, Sauerrahm und Schinkenstreifen zufügen und den Tilsiter darin schmelzen.
- Die Suppe in vier vorgewärmten Tellern anrichten, Spargelspitzen beigeben, mit Tilsiter und Dill bestreuen.
- Sofort servieren.

Zutaten

- **600 g weißer Spargel**
- **20 g Butter**
- **1 große Kartoffel, geschält, in Würfel geschnitten**
- **0,9 l Hühner- oder Gemüsebouillon (Fertigprodukt)**
- **Salz, Pfeffer**
- **2-3 EL Sauerrahm**
- **2 Scheiben gekochter Schinken, in Streifchen geschnitten**
- **60 g Tilsiter Switzerland, gerieben**
- **20 g Tilsiter Switzerland, gerieben**
- **1 kleiner Zweig Dill, abgezupft**

Vorbereitungszeit: ca. 20 Minuten

Emmentaler Kartoffelsuppe

Zutaten

- 1 EL Butter
- 1 Zwiebel, gehackt
- 50 g Speckwürfel
- 1 Knoblauchzehe, gehackt
- 1 mittlere Stange Lauch, in Streifen geschnitten
- 3 große Möhren, geschält, in Würfel geschnitten
- 1/4 Knolle Sellerie, geschält, in Würfel geschnitten
- 300 g Kartoffeln, geschält, in Würfel geschnitten
- 1 l Fleischbouillon (Fertigprodukt)
- 1 EL Rotweinessig
- 2 Zweige Majoran, abgezupft
- 2-3 EL süße Sahne
- 150 g Emmentaler Switzerland, gerieben
- 1 Zweig Majoran, abgezupft

Vorbereitungszeit: ca. 25 Minuten

- Zwiebel und Speck in der Butter glasig braten. Knoblauch, Lauch, Möhren und Sellerie zufügen und alles gut durchdünsten.
- Vier Eßlöffel Gemüse auf einen Teller geben und beiseite stellen.
- Die Kartoffeln zum restlichen Gemüse geben, kurz mitdünsten, mit der Bouillon ablöschen und das Ganze 10-15 Minuten köcheln lassen.
- Vom Herd nehmen und mit dem Mixer oder dem Pürierstab pürieren. In den Topf zurückgeben, mit Essig, Majoran und Sahne abschmecken, nochmals gut erhitzen und in vier vorgewärmten Tellern anrichten. Das zurückbehaltene Gemüse in die Mitte geben, mit etwas Käse und Majoran bestreuen und sofort servieren.
- Den restlichen Käse separat dazu servieren.

Kohlrabi-Kräutersuppe

Zutaten

- 4 große Kohlrabi
- 1 größere Kartoffel, geschält, in Würfel geschnitten
- 1 Zwiebel, gehackt
- 1 Lorbeerblatt
- 0,7 l Hühnerbouillon (Fertigprodukt)
- 80 g Sbrinz Switzerland, gerieben
- 2 Zweige Basilikum, gehackt
- 2 Zweige glatte Petersilie, gehackt
- 0,1 l süße Sahne
- Salz, Pfeffer, Muskatnuß
- 50 g Sbrinz Switzerland, gerieben

Vorbereitungszeit: ca. 40 Minuten

- Bei den Kohlrabi einen Deckel wegschneiden und das Innere sorgfältig aushöhlen, so daß die Form erhalten bleibt.
- Das Kohlrabi-Fleisch zusammen mit der Kartoffel, der Zwiebel und dem Lorbeerblatt in der Hühnerbouillon weich kochen.
- Vom Feuer nehmen, Lorbeerblatt entfernen, zusammen mit dem Sbrinz im Mixer pürieren und in den Topf zurückleeren.
- Die ausgehöhlten Kohlräbchen innen und außen mit Wasser benetzen, im vorgeheizten Ofen (200° C) gut durchwärmen und auf vorgewärmte Teller setzen.
- Die Suppe in der Zwischenzeit zusammen mit den Kräutern nochmals gut erhitzen. Mit der Sahne verfeinern, würzen und in den warmen Kohlrabi-Schalen anrichten.
- Mit etwas geriebenem Sbrinz bestreuen und sofort servieren.

Tomaten-Crème mit Käserahm

- Die Tomaten kreuzweise einschneiden, kurz in kochendes Wasser tauchen, abschrecken, schälen und vierteln. Schalotten und Knoblauch im Olivenöl glasig dünsten. Tomaten und Peperoni zufügen und 5 Minuten dünsten.
- Tomatenmark und Zucker beigeben, kurz mitdünsten, mit Rotwein und Bouillon ablöschen, Oregano zufügen und alles 10 Minuten köcheln lassen. Vom Feuer nehmen, im Mixer pürieren und durch ein Sieb streichen. In den Topf zurückgießen und eventuell nachwürzen. Nochmals gut erhitzen.
- Die Basilikumstreifen beigeben und in vorgewärmten Suppentassen oder -tellern anrichten.
- Die geschlagene Sahne vorsichtig mit dem Käse mischen und je einen Eßlöffel davon auf die Suppe setzen.
- Den restlichen Käserahm separat dazu servieren.

Zutaten

- 1 kg reife Fleischtomaten
- 2 EL Olivenöl
- 2 Schalotten, gehackt
- 1 Knoblauchzehe, durchgepreßt
- 1/2 Peperoni, entkernt, grob gehackt
- 2 EL Tomatenmark
- 1/2 TL Zucker
- 50 ml Rotwein
- 0,4 l Gemüsebouillon (Fertigprodukt)
- 1 Zweig Oregano, gehackt
- Salz, Pfeffer (eventuell)
- 2 Zweige Basilikum, in Streifen geschnitten

Käserahm:
- 0,2 l geschlagene Sahne
- 50 g Tilsiter Switzerland, gerieben

Vorbereitungszeit:
ca. 15 Minuten

Zutaten

- 1/2 EL Butter
- 5 kleine Zucchini, in Würfel geschnitten
- 30 g Speckwürfel
- 0,6 l Hühnerbouillon (Fertigprodukt)

- 50 g Sbrinz Switzerland, gerieben
- 3 Zweige Majoran, abgezupft
- 3 Zweige Basilikum, in Streifen geschnitten
- Salz, Pfeffer, Cayenne-Pfeffer
- 4 gehäufte TL Sauerrahm
- 30 g Sbrinz Switzerland, grob gerieben

Vorbereitungszeit:
ca. 20 Minuten

Zucchinisuppe

- Die Zucchiniwürfel in der Butter kurz anbraten, die Speckwürfel zufügen und glasig braten.
- Mit der Bouillon ablöschen, 15-20 Minuten köcheln, etwas auskühlen lassen, im Mixer pürieren und durch ein Sieb streichen.
- Die Suppe in einem Topf erhitzen, den Sbrinz darin schmelzen, die Kräuter zufügen und würzen.
- In Tellern anrichten, je einen Teelöffel Sauerrahm in die Mitte setzen und mit Sbrinz bestreuen.
- Sofort servieren.

Pilzsuppe mit Käsecroûtons

- Frühstücksspeck und Zwiebeln glasig braten. Pfifferlinge und Petersilie beigeben und solange dünsten, bis der sich bildende Saft wieder eingekocht ist.
- Mit der Bouillon ablöschen und 5 Minuten köcheln lassen.
- Die Toastbrotscheiben auf ein Blech legen. Käse und Pfefferminze mischen, auf die Brotscheiben verteilen und im vorgeheizten Ofen (220° C) goldgelb backen.
- Herausnehmen und in Würfel schneiden.
- Die Suppe in vorgewärmten Suppentassen anrichten und mit Käsecroûtons bestreuen.
- Die Suppe kann mit einem Schuß Sherry zusätzlich verfeinert werden.

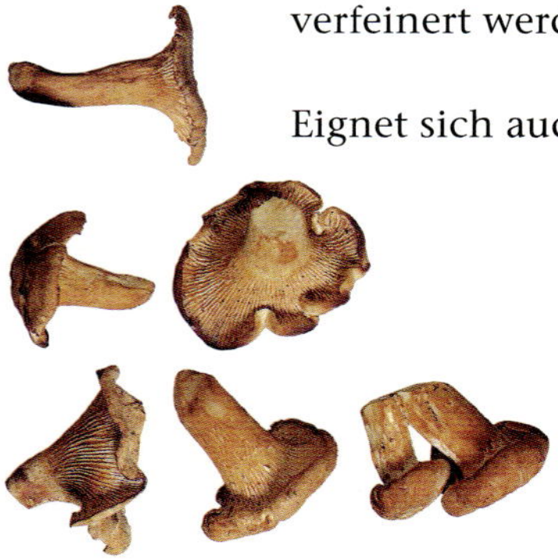

Eignet sich auch als Single-Rezept.

Zutaten

- 50 g Frühstücksspeck, in feine Streifchen geschnitten
- 1 Zwiebel, gehackt
- 400 g Pfifferlinge, geputzt, evtl. kleingeschnitten
- 3 Zweige Petersilie, gehackt
- 0,8 l Gemüsebouillon (Fertigprodukt)

Käsecroûtons:

- 3 Scheiben Toastbrot
- 25 g Greyerzer Switzerland, gerieben
- 25 g Sbrinz Switzerland, gerieben
- 2 Blätter Pfefferminze, gehackt

Vorbereitungszeit:
ca. 15 Minuten

Zutaten

- 2 l schwache Fleischbouillon (Fertigprodukt)
- 500 g Rindfleisch (Bratenstück)
- 1 kleine Schweins- oder Kalbszunge
- 1 kleine Zwiebel
- 1 Lorbeerblatt
- 4 kleine Hähnchenschenkel
- evtl. Salz, Pfeffer
- 4 Möhren, geschält, geviertelt (oder evtl. geachtelt)
- 1/2 kleiner Wirsing, in Stücke geschnitten
- 1 kleiner Sellerie, geschält, geviertelt
- einige Sellerieblätter
- 2-3 EL Sherry

Croûtons:

- 100 g Butter
- 1 EL Zitronensaft
- 3 Knoblauchzehen, durchgepreßt
- 1 TL Sardellenpaste
- 60 g Sbrinz Switzerland, gerieben
- Salz, Pfeffer, Cayenne-Pfeffer
- 1 dünnes Baguette vom Vortag
- 80-100 g Greyerzer Switzerland, gerieben

Vorbereitungszeit:
ca. 15 Minuten

Marmite Riche

- Die Bouillon aufkochen, Rindfleisch, Zunge, Zwiebel und Lorbeerblatt beigeben und bei mittlerer Hitze 50-60 Minuten köcheln lassen.
- Nach 40 Minuten Kochzeit die Hähnchenschenkel beigeben und fertigkochen.
- Das Fleisch herausnehmen, die Hähnchenschenkel häuten und alles zugedeckt beiseite stellen.
- Die Brühe durch ein Sieb gießen und in den Topf zurückleeren; evtl. nachwürzen.
- Das Gemüse und die Sellerieblätter hineingeben und alles 20-30 Minuten köcheln lassen.
- Das Fleisch in Scheiben schneiden und mit den Hähnchenschenkeln in eine hohe Gratinform schichten; das Gemüse ebenfalls dazugeben.
- Die Brühe mit Sherry verfeinern und darüber gießen.
- Für die Croûtons die Butter mit dem Zitronensaft schaumig rühren, mit Knoblauch, Sardellenpaste und Sbrinz vermischen und würzen.
- Das Brot schräg in Scheiben schneiden, mit der Knoblauchbutter bestreichen und im vorgeheizten Ofen (220° C) goldbraun backen.
- Einen Teil der Croûtons auf den Fleisch-Gemüsetopf verteilen, mit Greyerzer bestreuen und im Ofen 5-10 Minuten überbacken.
- Die restlichen Croûtons separat dazu servieren.

Käsebällchen in Gemüse-Bouillon

- Die Brötchen in eine Schüssel geben, mit der warmen Milch übergießen und 5-6 Minuten ziehen lassen.
- Die Zwiebel in der Butter glasig braten, Kräuter zufügen, kurz mitdünsten und auskühlen lassen.
- Brot-Zwiebel-Kräutermasse mit den restlichen Zutaten mischen und würzen.
- Mit nassen Händen aus der Masse Kugeln (etwa so groß wie Walnüsse) formen und in köchelndem Salzwasser ca. 10 Minuten ziehen lassen.
- Herausnehmen und in der heißen Gemüsebouillon servieren.
- Die Bällchen können auch in der Gemüsebouillon gegart werden. Allerdings wird diese dann etwas trüb.

Zutaten

Käsebällchen:
- 2 Vollkornbrötchen, vom Vortag, in kleine Würfel geschnitten
- 0,25 l warme Milch
- 10 g Butter
- 1 kleine Zwiebel, gehackt
- 1 Zweig Majoran, gehackt
- 120 g Greyerzer Switzerland, gerieben
- 1 Ei, verquirlt
- 1 gestrichener EL Mehl
- 2 EL Paniermehl
- Salz, Pfeffer, wenig Muskatnuß

- 1,3 l heiße Gemüsebouillon (Fertigprodukt)

Vorbereitungszeit:
ca. 15 Minuten

Nudel-, Risotto-, Kartoffelgerichte

Rezept: Seite 77

Zutaten

- 500 g Nudeln, Spaghettini oder Penne
- Salz
- 1 EL Öl

Sauce:
- 3 EL Olivenöl
- 50 g Frühstücksspeck in dünne Streifchen geschnitten
- 1 Zwiebel, in Streifen geschnitten
- 600 g frische Fleischtomaten, geschält, entkernt, in Würfel geschnitten
- 250 g Shiitake-Pilze, ohne Stiel, in Streifen geschnitten
- 1 Schuß Rotwein
- Salz, Pfeffer, Cayennepfeffer
- 20 g Butterstückchen
- 20 g Butter
- 150 g Sbrinz Switzerland, gerieben

Vorbereitungszeit:
ca. 15 Minuten

Nudeln mit Shiitake-Sauce

- Die Teigwaren in reichlich Salzwasser unter Beigabe des Öls „al dente“ kochen.
- In der Zwischenzeit für die Sauce den Frühstücksspeck und die Zwiebel im Olivenöl glasig braten, die Tomaten zufügen, kurz dünsten, die Pilze und den Rotwein beigeben und würzen. Das Ganze unter gelegentlichem Rühren 8 Minuten dünsten.
- Die Sauce vom Herd nehmen und die Butterstückchen unterrühren.
- Die Teigwaren abgießen, in der Butter kurz schwenken und in vorgewärmten Tellern anrichten.
- Mit dem Sbrinz bestreuen und die Sauce darauf anrichten.
- Sofort servieren.

Eignet sich auch als Single-Rezept.

Feuer-Nudeln

Zutaten

Sauce:

- **4 EL Olivenöl**
- **4 Schalotten, in Streifen geschnitten**
- **2 Knoblauchzehen, durchgepreßt**
- **4 Sardellenfilets, zerdrückt**
- **2-4 Peperoni, in Streifen geschnitten**
- **1 große Dose geschälte Tomaten, gut abgetropft, gehackt, ca. 800 g**
- **Salz, Pfeffer, Cayenne-Pfeffer**
- **4 EL Kräuter, gehackt (Basilikum, Petersilie, Oregano usw.)**
- **160 g Sbrinz Switzerland, gerieben**
- **1 Becher Crème fraîche**
- **800 g frische, grüne Nudeln**
- **4 EL Olivenöl**
- **40 g Butter**
- **8 EL Sbrinz Switzerland, gerieben**

Vorbereitungszeit: ca. 25 Minuten

- Für die Sauce die Schalotten im Olivenöl glasig braten.
- Knoblauch, Sardellen und Peperoni zufügen und 3 Minuten dünsten.
- Tomaten beigeben, würzen und alles 10 Minuten köcheln lassen.
- Kräuter, Käse und Crème fraîche unterheben und nochmals 5 Minuten ziehen lassen.
- In der Zwischenzeit die Nudeln in viel Salzwasser unter Beigabe des Öls „al dente" kochen, abgießen, gut abtropfen lassen und in der Butter schwenken.
- In einem vorgewärmten Teller anrichten, mit der Sauce übergießen und mit Sbrinz bestreuen.

Spaghetti mit Rauchlachssauce

- Die Teigwaren in viel Salzwasser unter Beigabe des Öls „al dente“ kochen, in ein Sieb gießen, mit kaltem Wasser überbrausen, gut abtropfen lassen und in der Butter schwenken.
- In der Zwischenzeit die Chilischote in der Butter ca. 2 Minuten braten und immer wieder mit der Kelle zerdrücken, damit sie ihr Aroma freigibt. Anschließend entfernen.
- Die Garnelenstücke in die heiße Chilibutter geben, kurz anbraten und herausnehmen.
- Den Fond mit Rahm ablöschen und etwas einkochen lassen.
- Garnelen, Rauchlachs und Dill beigeben und alles gut heiß werden lassen, evtl. nachwürzen.
- Die Teigwaren auf vorgewärmten Tellern anrichten, mit Sbrinz bestreuen und die Sauce darüber gießen. Nach Belieben mit Salmrogen garnieren und sofort servieren.
- Die Sauce kann auch ohne Garnelen, nur mit Rauchlachs, zubereitet werden.
- Dazu paßt Feldsalat mit gehacktem Ei.

Eignet sich auch als Single-Rezept.

Zutaten

- **500 g flache Spaghetti (Linguine) oder andere Teigwaren**
- **1 EL Öl**
- **20 g Butter**

Sauce:

- **20 g Butter**
- **1 Chilischote, frisch oder aus dem Glas**
- **4 rohe Riesengarnelen, geschält, in Stücke geschnitten**
- **0,3 l süße Sahne**
- **150 g Rauchlachs, in Streifen geschnitten**
- **1 Zweig Dill, gehackt**
- **evtl. Salz, Pfeffer, Zitronenpfeffer**
- **150 g Sbrinz Switzerland, gerieben**
- **1 Döschen Salm- oder Seehasenrogen, nach Belieben**

Vorbereitungszeit: ca. 15 Minuten

Chicorée-Risotto mit Pilzen

- Zwiebel und Knoblauch im Öl glasig dünsten.
- Den Chicorée zufügen und weichdünsten; nicht braun werden lassen. Den Reis beigeben und kurz mitdünsten.
- Mit Rotwein und etwas Bouillon ablöschen und 20 Minuten köcheln lassen. Dabei unter ständigem Rühren nach und nach die restliche heiße Bouillon zufügen.
- 10 Minuten vor Ende der Kochzeit den Sbrinz darunterziehen und evtl. nachwürzen.
- Die Pilze in der Butter braten, würzen, die Hälfte unter den Risotto mischen und den Rest auf den angerichteten Risotto verteilen.

Zutaten

- 4 EL Olivenöl
- 1 kleine Zwiebel, gehackt
- 1 Knoblauchzehe, durchgepreßt
- 250-300 g Chicorée, in Streifen geschnitten
- 400 g Risottoreis (z.B. Vialone)
- 0,2 l Rotwein
- 1 l Hühnerbouillon (Fertigprodukt)
- 100 g Sbrinz Switzerland, gerieben
- evtl. Salz, Pfeffer

- 20 g Butter
- 200 g Steinpilze, in Scheiben geschnitten
- Salz, Pfeffer

Vorbereitungszeit:
ca. 15 Minuten

Brokkoli-Spätzle

Zutaten

- 300 g Brokkoli
- 400 g Mehl
- 4 Eier
- 2 EL Sauerrahm
- 80 g Greyerzer Switzerland, gerieben
- 0,15 l Milch
- Salz, Pfeffer
- 120 g Greyerzer Switzerland, gerieben
- 40 g Butter
- 1 rote Peperoni, in Ringe geschnitten

Vorbereitungszeit: ca. 30 Minuten, inkl. Spätzle-Schaben

- Brokkoli in Salzwasser gar kochen, in ein Sieb leeren und mit kaltem Wasser überbrausen.
- Anschließend mit wenig Kochwasser im Mixer pürieren.
- Aus Mehl, Eiern, Sauerrahm, Brokkolipüree, Käse und Milch einen Spätzleteig herstellen und würzen. Nur soviel Milch zufügen, bis ein dickflüssiger Teig entsteht und diesen schlagen, bis er Blasen wirft.
- Portionsweise durch die Spätzlepresse oder auf einem Spätzlebrett in kochendes Salzwasser streichen.
- Wenn sie an der Oberfläche schwimmen, mit der Schaumkelle herausnehmen, in eine Schüssel mit Eiswasser geben, bis alle gekocht sind.
- Anschließend nochmals in einen Topf mit frischem, kochendem Salzwasser geben, kurz ziehen lassen, herausnehmen und lagenweise mit dem Greyerzer in eine tiefe Schüssel oder auf Tellern anrichten.
- Die Butter in einem Pfännchen schmelzen, Peperoni-Ringe zufügen, kurz dünsten und über die Spätzle verteilen.

Eignet sich auch als Single-Rezept.

Zitronenrisotto mit Kalbfleisch

Zutaten

- 4 EL Olivenöl
- 1 Zwiebel, gehackt
- 1 Knoblauchzehe, gehackt
- 400 g Risottoreis (z.B. Vialone)
- 0,2 l Weißwein
- Saft und abgeriebene Schale von 1 Zitrone (unbehandelt)
- 1 l Hühnerbouillon (Fertigprodukt)
- 100 g Sbrinz Switzerland, gerieben
- 1 TL Butter
- 2 EL Butterschmalz
- 500 g geschnetzeltes Kalbfleisch zum Kurzbraten
- Salz, Pfeffer, Paprika

Vorbereitungszeit: ca. 15 Minuten

- Zwiebel und Knoblauch im Öl glasig dünsten.
- Den Reis beigeben und ebenfalls glasig dünsten.
- Mit Wein und Zitronensaft ablöschen und Zitronenschale zufügen.
- Unter ständigem Rühren 20 Minuten köcheln lassen, dabei nach und nach die heiße Bouillon zugießen.
- Kurz vor Ende der Kochzeit den Sbrinz darunterziehen und die kalte Butter unterziehen.
- In der Zwischenzeit das Kalbfleisch im Butterschmalz portionsweise anbraten, in eine Schüssel geben und würzen.
- Vor dem Servieren das Fleisch mit dem Saft unter den Risotto mischen.

Eignet sich auch als Single-Rezept.

Safranrisotto mit Sbrinz

Zutaten

- 3 EL Olivenöl
- 1 Zwiebel, gehackt
- 400 g Risottoreis (z.B. Vialone, Carnaroli)
- 0,2 l Weißwein
- 2 Briefchen Safranpulver
- 1 l Hühner- oder Gemüsebouillon (Fertigprodukt)
- 80 g Sbrinz Switzerland, gerieben
- 1 TL Butter
- 50 g Sbrinz Switzerland
- 3 Zweige Basilikum, in Streifen geschnitten

Vorbereitungszeit:
ca. 10 Minuten

- Die Zwiebel im Olivenöl glasig dünsten, den Reis zufügen und ebenfalls glasig dünsten.
- Mit dem Weißwein ablöschen und den Safran darin auflösen.
- Unter ständigem Rühren 20 Minuten köcheln lassen, dabei nach und nach die heiße Bouillon zufügen.
- Kurz vor Ende der Kochzeit Sbrinz und die kalte Butter unterheben.
- Auf Tellern anrichten, mit dem Sparschäler den restlichen Sbrinz darüber hobeln und mit Basilikum garnieren.

Eignet sich auch als Single-Rezept.

Risotto mit Scampi

- Die Schalotten im Olivenöl glasig braten, den Reis zufügen und ebenfalls glasig braten.
- Mit dem Weißwein ablöschen und 15-20 Minuten köcheln, dabei unter Rühren nach und nach die heiße Bouillon zufügen.
- Zitronenschale und Sbrinz unterheben und mit dem Sauerrahm verfeinern.
- Die Scampi im Fischfond 1-2 Minuten ziehen lassen.
- Den Risotto auf einer Platte anrichten, mit den Scampi belegen und mit Dill garnieren.
- Sofort servieren.

Zutaten

- 2 EL Olivenöl
- 2 Schalotten, gehackt
- 350 g Risottoreis (Vialone)
- 0,3 l Weißwein
- 0,5 l Hühnerbouillon (Fertigprodukt)
- abgeriebene Schale einer unbehandelten Zitrone
- 100 g Sbrinz Switzerland, gerieben
- 2 EL Sauerrahm
- 0,4 l Fischfond (Fertigprodukt)
- 16 rohe, geschälte Scampi
- 2 Zweige Dill, zum Garnieren

Vorbereitungszeit: ca. 10 Minuten

Lasagne auf neue Art

Zutaten

- 4 EL Olivenöl
- 100 g Frühstücksspeck, in Streifen oder Würfel geschnitten
- 1 große Zwiebel, gehackt
- 2 Knoblauchzehen, durchgepreßt
- 3 Möhren, geschält, in Würfel geschnitten
- je 1 rote und gelbe Paprika, entkernt, in Würfel geschnitten
- 2 Zucchini, halbiert, entkernt, in Würfel geschnitten
- 300 g Rinderhack
- Salz, Pfeffer, Paprika
- 1 Dose geschälte Tomaten (ca. 800 g), ohne Saft, gehackt
- 2-4 EL Tomatenmark
- 1/2 Bund Petersilie, gehackt
- 3 Zweige Oregano, gehackt
- 0,1 l Weißwein
- Salz, Pfeffer, Cayenne-Pfeffer
- 250 g helle Lasagneblätter
- 1 EL Olivenöl
- Butter für die Form
- 450 g Tilsiter Switzerland, in Würfel geschnitten
- 100 g Sbrinz Switzerland, gerieben

Vorbereitungszeit: ca. 40 Minuten

- Für die Fleisch-/Gemüsemasse Speck, Zwiebel, Knoblauch, Möhren, Paprika und Zucchini in Olivenöl glasig braten.
- Das gewürzte Rinderhack zufügen und mitbraten, bis es die rote Farbe verloren hat.
- Tomaten, Tomatenmark und Kräuter zufügen, kurz mitdünsten, mit dem Weißwein ablöschen und würzen.
- Das Ganze etwas einkochen lassen und beiseite stellen.
- Die Lasagneblätter (frische ca. 3 Minuten; gekaufte nach Packungsvorschrift) in viel Salzwasser „al dente" kochen.
- Herausnehmen, abschrecken, gut abtropfen lassen, mit Öl bestreichen und nebeneinander auf die Arbeitsfläche legen.
- Eine ausgebutterte Gratinform abwechselnd mit Teigblättern, Fleisch/Gemüse, Tilsiterwürfeln und Sbrinz füllen (mit Käse abschließen).
- Im vorgeheizten Ofen (220° C) 25-30 Minuten backen.

Spaghetti Vongole

Zutaten

Sud:

- **0,3 l Wasser**
- **0,1 l Weißwein**
- **1 Schuß Sherry**
- **1/2 Zwiebel, gehackt**

- **1 kg Vongole mit Schale (eventuell 500 g ausgelöste, tiefgekühlte oder aus Glas/Dose)**
- **600 g Spaghetti**
- **wenig Olivenöl**

- **1 EL Olivenöl**
- **10 g Butter**
- **100 g frische Champignons, in Scheiben geschnitten**
- **2 Tomaten, geschält, entkernt, in Würfel geschnitten**
- **1/2 Zwiebel, gehackt**
- **1 Knoblauchzehe, durchgepreßt**
- **1 EL Schnittlauch, gehackt**
- **50 ml Weißwein**
- **0,1 l Fischfond (aus dem Glas)**
- **100 g Sbrinz Switzerland, gerieben**
- **0,1 l süße Sahne, geschlagen**

Vorbereitungszeit: ca. 20 Minuten

- Alle Zutaten für den Sud zusammen aufkochen, die Vongole zufügen und zugedeckt 5 Minuten dünsten, den Topf ab und zu schütteln.
- Vom Feuer nehmen (nicht geöffnete Muscheln wegwerfen, sie sind verdorben). Die Vongole aus den Schalen lösen und beiseite stellen.
- Den Sud durch ein Sieb gießen und, falls gewünscht, 0,1 l davon anstelle des fertigen Fischfonds verwenden.
- Die Spaghetti in viel Salzwasser und wenig Olivenöl „al dente" kochen, abgießen und mit kaltem Wasser abschrecken.
- Die Champignons in Olivenöl und Butter gut durchdünsten, Tomaten, Zwiebel, Knoblauch und Schnittlauch zufügen und kurz mitdünsten.
- Vongole und Spaghetti beigeben, Weißwein und Fischfond zufügen und kurz aufkochen.
- Den Sbrinz darunterziehen und erwärmen, nicht mehr kochen. Die geschlagene Sahne unterheben und sofort servieren.

Zutaten

- 800 g gekochte Kartoffeln vom Vortag (mehlige Sorte)
- ca. 1,5 TL Salz, wenig Muskatnuß
- 50 g Sbrinz Switzerland, gerieben
- 1 Ei, verquirlt
- 240-260 g Mehl, je nach Kartoffelsorte

Pesto (Sauce):

- 150-200 ml Olivenöl
- 2 Bund Basilikum
- 2-3 Knoblauchzehen, durchgepreßt
- 1 EL Pinienkerne
- 40 g Sbrinz Switzerland, gerieben
- Pfeffer aus der Mühle

Vorbereitungszeit:
ca. 10 Minuten

Gnocchi al pesto

- Die Kartoffeln schälen, etwas kleinschneiden und durch die Kartoffelpresse oder den Fleischwolf (mit feiner Scheibe) treiben.
- Gewürze und Sbrinz darüber verteilen.
- Das Ei in die Mitte geben und nach und nach das Mehl unterarbeiten, bis ein weicher Teig entsteht, der nicht an den Händen klebt.
- Den Teig auf bemehlter Arbeitsfläche zu fingerdicken Strängen ausrollen und diese in 2 cm lange Stücke schneiden.
- Den Gnocchi durch Abrollen über eine Gabel oder speziell gerillte Holzbrettchen ihre typische Form geben.
- Für die Pesto-Sauce sämtliche Zutaten außer dem Olivenöl in den Mixer geben und bei laufendem Mixer nach und nach das Öl beigeben, bis eine dicke Paste ensteht.
- Die Gnocchi in viel Salzwasser köcheln, bis sie an die Oberfläche steigen. Mit einem Schaumlöffel herausnehmen und auf eine flache Platte geben.
- Anschließend erneut in frisches, köchelndes Salzwasser geben und nochmals kurz köcheln, bis die Gnocchi wieder an die Oberfläche steigen.
- Mit dem Schaumlöffel herausnehmen und anrichten. Vor dem Servieren die Pesto-Paste mit 1-2 Esslöffeln Gnocchi-Kochflüssigkeit verdünnen und über die Gnocchi verteilen.

- **Tip:** Pesto ist in guter Qualität in Gläsern oder auch frisch in der Feinkost-Abteilung erhältlich. Selbstgemachte Pesto ist im Kühlschrank ca. 10 Tage haltbar.

Kartoffel-Pizza

- Die Kartoffeln in Salzwasser gar kochen, in ein Sieb gießen und gut abgetropft durch die Kartoffelpresse drücken. Als Alternative bietet sich der Fleischwolf mit ganz feiner Scheibe an.
- Mit Mehl und Eigelb vermischen und würzen.
- Die Eiweiß steifschlagen, unter die Kartoffelmasse heben und in ein bebuttertes Blech von 26 cm Durchmesser ausstreichen.
- Die leicht zerdrückten Tomaten, den Schinkenspeck, den Käse und die Oliven darauf verteilen.
- Mit Pfeffer würzen und im vorgeheizten Ofen (220° C) auf der untersten Schiene 20-25 Minuten backen.
- Vor dem Servieren mit Basilikum bestreuen.
- Die Pizza kann auch mit gerollten Sardellenfilets, Salami, Pilzen usw. belegt werden.

Zutaten

- 600 g mehlig-festkochende Kartoffeln, geschält, in Würfel geschnitten
- 2 EL Mehl
- 4 Eigelb, verquirlt
- Salz, Pfeffer
- 3-4 Eiweiß
- Butter für das Blech
- 1 kleine Dose geschälte Tomaten, abgetropft
- 150 g Schinkenspeck, in Streifen geschnitten
- 200 g Emmentaler Switzerland, in Scheiben geschnitten
- 1 EL gefüllte Oliven, in Scheiben geschnitten
- Pfeffer aus der Mühle
- 3 Zweige frisches Basilikum, gehackt

Vorbereitungszeit:
ca. 20 Minuten

Zutaten

- 1 Knoblauchzehe, halbiert
- 1 EL flüssige Butter, für die Formen
- Salz, Pfeffer
- 8 mittlere Kartoffeln, geschält, längs in dünne Scheiben geschnitten
- 4 Birnen, halbiert, entkernt, längs in Scheiben geschnitten
- 2 EL Zitronensaft
- 100 g Sbrinz Switzerland, grob gerieben
- 0,2 l süße Sahne
- Salz, Pfeffer

Vorbereitungszeit:
ca. 20 Minuten

Kartoffelgratin Spezial

- Vier flache, feuerfeste Portionsförmchen mit dem Knoblauch ausreiben, mit der Butter bestreichen und den Boden mit Salz und Pfeffer bestreuen.
- Kartoffel- und mit Zitronensaft beträufelte Birnenscheiben dachziegelartig in die Formen legen und mit Sbrinz bestreuen.
- Sahne mit Salz und Pfeffer vermischen und darübergießen.
- Im vorgeheizten Ofen (200° C) 20-30 Minuten backen.
- Heiß servieren. Paßt gut zu kurzgebratenem Fleisch.

Eignet sich auch als Single-Rezept.

Ofenkartoffeln

Zutaten

- 8 mittlere Kartoffeln, ungeschält, längs halbiert
- 4 EL Öl
- 1 TL Salz

Käsemasse:

- 200 g Appenzeller Switzerland, gerieben
- 2 Eier
- 1 Schuß Weißwein (nach Belieben)
- Pfeffer aus der Mühle
- Kümmel, Paprika, gehackte Petersilie

Vorbereitungszeit: ca. 10 Minuten

- Die Kartoffelhälften mit Öl einpinseln und die Schnittflächen mit Salz bestreuen.
- Nebeneinander auf ein mit Backpapier belegtes Blech setzen. Im vorgeheizten Ofen (220° C) ca. 30 Minuten backen.
- Sämtliche Zutaten für die Käsemasse zusammen verrühren, die gebackenen Kartoffeln aus dem Ofen nehmen und die Käsemasse auf die Schnittflächen verteilen. Mit Kümmel, Paprika und Petersilie bestreuen und nochmals im Ofen überbacken, bis der Käse zu schmelzen beginnt.
- Heiß servieren.
- Dazu paßt Gemüsesalat.

Eignet sich auch als Single-Rezept.

Appenzeller Chäshörnli mit Apfelmus

- Für das Apfelmus Äpfel und Saft in einen Topf geben und auf kleiner Flamme köcheln, bis die Äpfel zerfallen.
- Mit Zucker und Zimt würzen und auskühlen lassen.
- Hörnchen-Nudeln in viel Salzwasser „al dente“ kochen, in ein Sieb gießen und gut abtropfen lassen.
- Anschließend lagenweise mit dem Appenzeller in einer vorgewärmten Schüssel anrichten.
- Zwiebel und Petersilie in Butter dünsten und mit der gewürzten Sahne ablöschen.
- Nochmals kurz erhitzen und über die Nudeln verteilen.
- Das Apfelmus separat dazu servieren.

Eignet sich auch als Single-Rezept.

Zutaten

- **Apfelmus:**
- **6 Äpfel (Boskoop) geschält, entkernt, klein geschnitten**
- **0,1 l Apfelsaft**
- **Zucker nach Belieben, Zimtpulver**

- **400 g Hörnchen-Nudeln**
- **200 g Appenzeller Switzerland, grob gerieben**

- **30 g Butter**
- **1 große Zwiebel, in Streifen geschnitten**
- **1/2 Bund Petersilie, gehackt**
- **0,2 l süße Sahne**
- **Salz, Pfeffer**

Vorbereitungszeit: ca. 20 Minuten

Spaghettini mit Gemüsestreifen

- Die Zucchini gut waschen und der Länge nach rundherum ca. 4 mm dicke Scheiben abschneiden. (Das verbleibende Mittelstück mit den Kernen für eine Suppe verwenden.)
- Die Zucchinischeiben längs in sehr dünne Streifen schneiden und in Salzwasser 3 Minuten blanchieren, herausnehmen, abschrecken und gut abtropfen lassen.
- Für die Sauce Frühstücksspeck, Zwiebel und Knoblauch im Olivenöl glasig braten. Tomaten und Peperoni oder Chili beigeben, 5 Minuten dünsten, mit Rotwein ablöschen und 15 Minuten köcheln lassen.
- Basilikum zufügen, die Käse in der Sauce schmelzen, mit Sahne verfeinern, würzen und warmstellen.
- Die Spaghettini in viel Salzwasser unter Zugabe des Öls „al dente" kochen, in ein Sieb gießen und gut abtropfen lassen.
- Anschließend mit der Butter in die Pfanne zurückgeben, die Zucchinistreifen zufügen, vorsichtig wenden und gut heiß werden lassen.
- In vorgewärmten Tellern oder auf einer Platte anrichten. Die Sauce darüber verteilen oder separat dazu servieren.
- Nach Belieben nochmals mit geriebenem Greyerzer bestreuen.

Zutaten

- 2 größere Zucchini

Sauce:
- 2 EL Olivenöl
- 50 g Frühstücksspeck, in feine Streifen geschnitten
- 1 Zwiebel, in Streifen geschnitten
- 2 Knoblauchzehen, durchgepreßt
- 1 große Dose geschälte Tomaten, ohne Saft, gehackt (ca. 800 g)
- 1-2 Peperoni oder Chilischoten, entkernt, gehackt
- 0,1 l Rotwein
- 1 Zweig Basilikum, gehackt
- 100 g Greyerzer Switzerland, gerieben
- 80 g Pecorino (Schafkäse), gerieben
- 0,1 l süße Sahne
- Salz, Pfeffer, Paprika, Cayenne-Pfeffer

- 500 g Spaghettini (ganz dünne Spaghetti)
- 1 EL Olivenöl
- 30 g Butter

Vorbereitungszeit:
ca. 15 Minuten

Vegetarische Gerichte

Rezept: Seite 107

Zutaten

- 150 g Zuckerschoten
- 3 große Kohlrabi, geschält, in Stengel geschnitten
- 400 g Blattspinat
- 3 große Möhren, in Scheiben geschnitten
- 30 g Butter
- 1 Zwiebel, gehackt
- 1 Bund Petersilie, gehackt
- 150 g Emmentaler Switzerland, grob gerieben

Vorbereitungszeit:
ca. 30 Minuten

Gemüseplatte Gärtnerin

- Die Gemüse separat in Salzwasser knackig kochen. Herausnehmen, gut abtropfen lassen und auf einer ofenfesten Platte anrichten.
- Zwiebel in der Butter glasig braten, Petersilie zufügen, kurz mitdünsten und über das Gemüse verteilen.
- Mit Emmentaler bestreuen und im vorgeheizten Ofen (220° C) überbacken, bis der Käse zu schmelzen beginnt.
- Paßt zu Braten oder kurzgebratenem Fleisch.

Eignet sich auch als Single-Rezept.

Frühlingszwiebeln mit Tomatensauce

Zutaten

- **6-10 Frühlingszwiebeln, je nach Größe**
- **20 g Butter**

Tomatensauce:
- **2 EL Olivenöl**
- **3 große Fleischtomaten, geschält, entkernt, in Würfel geschnitten**
- **2 Zweige Thymian, gehackt**
- **100 g Appenzeller Switzerland, gerieben**
- **Salz, Pfeffer, Cayenne-Pfeffer**

Vorbereitungszeit:
ca. 15 Minuten

- Für die Sauce die Tomaten im heißen Öl 3 Minuten dünsten; Thymian beigeben.
- Appenzeller darin schmelzen, würzen und warmstellen.
- Die Frühlingszwiebeln putzen und im Salzwasser knackig kochen (ca. 3-5 Minuten). Herausnehmen, etwas abtropfen lassen und auf einer vorgewärmten Platte anrichten.
- Mit der geschmolzenen Butter beträufeln und die Sauce darüber anrichten.
- Dazu passen Kartoffeln und kurzgebratenes Fleisch.

Eignet sich auch als Single-Rezept.

Tortilla mit Lattichstreifen

Zutaten

- 6 mittlere, gekochte Kartoffeln, vom Vortag
- 1 mittlere Gemüsezwiebel, in Streifen geschnitten
- 4 EL Olivenöl
- 8-10 Lattichblätter, in Streifen geschnitten (alternativ Mangold oder Rucola)
- Salz, Pfeffer

- 6 Eier, verquirlt
- 0,1 l Milch oder Sauerrahm
- 60 g Sbrinz, gerieben
- Salz, Pfeffer

- 50 g Greyerzer Switzerland, grob gerieben

Vorbereitungszeit: ca. 15 Minuten

- Die Kartoffeln schälen, in Scheiben und anschließend in Stäbchen schneiden. Zusammen mit der Zwiebel im heißen Öl goldbraun braten.
- Die Lattichstreifen zufügen, kurz mitbraten und würzen.
- Eier, Milch, Sbrinz und Gewürze zusammen vermischen, über die Kartoffelmasse geben und bei mittlerer Hitze stocken lassen.
- Mit Hilfe eines Pfannendeckels wenden, die Oberfläche mit Greyerzer bestreuen und zugedeckt fertigbraten.
- Heiß servieren.
- Die Tortilla kann auch mit anderen Gemüsen zubereitet und mit Salat serviert werden.

Eignet sich auch als Single-Rezept.

Käseroulade

- Eigelb, Mehl, Paniermehl, Sbrinz und Kräuter zusammen verrühren und würzen.
- Die Eiweiß steifschlagen und unter die Masse ziehen.
- Auf ein viereckiges, mit Backpapier ausgelegtes Blech ausstreichen und im vorgeheizten Ofen (200° C) 15 Minuten backen.
- Das Blech aus dem Ofen nehmen, das Gebäck mit einem feuchten Küchentuch bedecken und 5 Minuten ruhen lassen. Anschließend auf das Tuch stürzen.
- Sämtliche Zutaten für die Füllung zusammen vermischen.
- Backpapier vom Gebäck entfernen, die Füllung darauf ausstreichen und die Roulade mit Hilfe des Tuches aufrollen. Wieder auf das mit Backpapier belegte Blech legen und 15 Minuten im Ofen backen.
- 5 Minuten vor Ende der Backzeit die Tilsiterscheiben über die Roulade legen und im Ofen schmelzen lassen.
- Herausnehmen, in Scheiben schneiden und sofort servieren.
- Dazu passen eine Tomatensauce oder ein gemischter Salat.

Zutaten

Füllung:
- 100 g Emmentaler Switzerland, gerieben
- 50 g Appenzeller Switzerland, gerieben
- 50 g Tilsiter, gerieben
- 1 gestrichener EL Mehl
- 2-3 Eier
- Salz, Pfeffer, Paprika
- 50 g Tilsiter Switzerland, in Scheiben geschnitten

- 6 Eigelb
- 2 EL Mehl
- 2 EL Paniermehl
- 1 EL Sbrinz Switzerland, gerieben
- 2 Bund Kräuter, gehackt (Petersilie, Schnittlauch, wenig Dill usw.)
- Salz, Pfeffer, Muskatnuß
- 4 Eiweiß

Vorbereitungszeit:
ca. 20 Minuten

Gefüllte Auberginen

Zutaten

- 2 mittelgroße Auberginen
- 2 EL Zitronensaft
- Salz
- 2 EL Olivenöl
- 1 große Zwiebel, in Würfel geschnitten
- 2 Knoblauchzehen, gehackt
- 2 mittlere Zucchini, längs halbiert, in Scheiben geschnitten
- je 1 rote und grüne Paprika, entkernt, in Würfel geschnitten
- 2 Fleischtomaten, geschält, in Würfel geschnitten
- 1 Schuß Rotwein
- Salz, Pfeffer, Thymian, Oregano, wenig Rosmarin, gehackt
- Butter für die Form
- 3 EL Olivenöl
- 120 g Emmentaler Switzerland, in Würfel geschnitten

Vorbereitungszeit:
ca. 25 Minuten

- Die Auberginen waschen, längs halbieren, das Fruchtfleisch bis auf einen Rand von ca. 1 cm herauslösen und in Würfel schneiden.
- Die Innenseiten der Auberginen mit Zitronensaft beträufeln, salzen und mit der Schnittfläche nach unten auf Küchenpapier legen.
- Die Auberginenwürfel ebenfalls mit Zitronensaft beträufeln, mit Salz bestreuen und beiseite stellen.
- Zwiebel und Knoblauch im Olivenöl glasig braten. Zucchini, Paprika und die abgetropften Auberginenwürfel zugeben und gut anbraten.
- Die Tomaten und den Rotwein beigeben, mit Gewürzen und Kräutern würzen, kurz aufkochen und vom Feuer nehmen.
- Die Auberginenhälften in eine ausgebutterte Gratinform setzen, mit dem Gemüse füllen und mit Olivenöl beträufeln.
- Im vorgeheizten Ofen (200° C) 30 bis 40 Minuten backen.
- 5 Minuten vor Ende der Backzeit die Emmentalerwürfel darüberstreuen und schmelzen lassen.
- Die Auberginen aus dem Ofen nehmen und sofort servieren.
- Dazu paßt knuspriges Stangenweißbrot.

Eignet sich auch als Single-Rezept.

Marinierter Fenchel

- Sämtliche Zutaten für den Sud zusammen aufkochen und 10 Minuten köcheln lassen.
- Fenchel putzen (Strunk nicht wegschneiden) und in der Längsrichtung in Scheiben schneiden. Das Fenchelgrün beiseite legen.
- Die Fenchelscheiben in den Sud legen und auf kleiner Flamme 30-40 Minuten ziehen und im Sud erkalten lassen. Auf Tellern anrichten, Sbrinz dünn darüber hobeln, mit gehacktem Fenchelgrün bestreuen und mit je einem Eßlöffel Sud übergießen.

Eignet sich auch als Single-Rezept.

Zutaten

Sud:

- **0,3 l Weißwein**
- **0,3 l Wasser**
- **4 EL Olivenöl (am besten kaltgepreßtes)**
- **dünn abgeschälte Schale von 1 unbehandelten Zitrone**
- **1/2 Bund Petersilie**
- **1/2 Bund Thymian**
- **1 Zweig Majoran**
- **1 Lorbeerblatt**
- **Salz, Pfeffer**

- **2 große Fenchel**
- **150 g Sbrinz Switzerland, am Stück**

Vorbereitungszeit: ca. 5 Minuten

Focaccia con Formaggio

Zutaten

Teig:
- 300 g Mehl
- 0,1 l Olivenöl, kaltgepreßt
- kaltes Wasser
- Öl für das Blech

- 200 g Tilsiter Switzerland, in Würfel geschnitten
- 100 g Appenzeller Switzerland, in Würfel geschnitten
- Pfeffer aus der Mühle
- 2 EL Kräuter, gehackt (Petersilie, Dill, wenig Estragon, Thymian, Basilikum, Majoran)
- 1 EL Olivenöl
- Salz

Vorbereitungszeit:
ca. 20 Minuten

- Für den Teig das Mehl mit dem Olivenöl verkneten und soviel kaltes Wasser zufügen, bis ein weicher, geschmeidiger Teig entsteht. Eine Stunde warmstellen und ruhen lassen.
- Anschließend nochmals kurz kneten, zu einem Laib formen, und 5 Minuten gehen lassen.
- 2/3 des Teiges rund und sehr dünn ausrollen, so daß die Arbeitsfläche durchschimmert. Am besten rollt man den Teig auf Backpapier aus und legt ihn mit dem Papier auf ein Backblech.
- Die Käsewürfel darauf verteilen und mit Pfeffer und Kräutern bestreuen. Den restlichen Teig ebenfalls dünn ausrollen, über die Käsewürfel legen und den Rand gut andrücken.
- Mit den Fingerspitzen mehrere ca. Ein-Mark-Stück-große Löcher in den Teigdeckel zupfen. Die Oberfläche mit Olivenöl bestreichen und mit Salz bestreuen. Im vorgeheizten Ofen (250° C) ca. 15 Minuten backen, bis die Oberfläche schön goldbraun ist. Während des Backens darf die Ofentüre nicht geöffnet werden!
- Sofort servieren.
- Paßt ausgezeichnet zu einem Glas Weißwein und Salat. In Italien wird die Focaccia häufig auch mit Weichkäse zubereitet.

Zucchini-Gratin

Zutaten

- **3 EL Butterschmalz**
- **400 g mittlere Kartoffeln, geschält, in 1/2 cm dicke Scheiben geschnitten**
- **700 g Zucchini, in 1/2 cm dicke Scheiben geschnitten**
- **Salz, Pfeffer**
- **0,2 l Weißwein oder Bouillon**
- **10 g Butter**
- **2 Schalotten, gehackt**
- **1 große rote Paprika, entkernt, in Würfel geschnitten**
- **70 g Greyerzer Switzerland, gerieben**
- **60 g Appenzeller Switzerland, gerieben**

Vorbereitungszeit: ca. 20 Minuten

- Die Kartoffeln im Butterschmalz goldbraun braten, würzen und herausnehmen.
- Die Zucchini würzen und mit den Kartoffeln dachziegelartig in eine Gratinform schichten.
- Mit dem Wein übergießen und mit Alufolie bedeckt im vorgeheizten Ofen (200° C) 15-20 Minuten dünsten.
- Schalotten in der Butter glasig dünsten, Paprika zufügen, kurz mitdünsten und vom Feuer nehmen.
- Die Käse mischen, über das Gemüse streuen, die Paprika darüber verteilen und im Ofen 3-5 Minuten gratinieren.

Zutaten

Füllung:
- 2 EL Olivenöl
- 2 Schalotten, gehackt
- je eine rote, gelbe und grüne Paprika, entkernt, in Würfel geschnitten
- Salz, Pfeffer
- 3 Zweige Basilikum, gehackt
- 50 g Greyerzer Switzerland, gerieben

- 4 Zucchini
- 2 EL Olivenöl
- 150 g Camembert, in Würfel geschnitten
- 3 große Tomaten, geschält, entkernt, in Würfel geschnitten
- Salz, Pfeffer
- 0,1 l Gemüsebouillon (Fertigprodukt)
- 50 Greyerzer Switzerland, gerieben

Vorbereitungszeit:
ca. 25 Minuten

Ratatouille-Gratin

- Für die Füllung die Schalotten im Olivenöl glasig dünsten, Paprika zufügen und knapp weich dünsten.
- Würzen, Basilikum und Käse untermischen und beiseite stellen.
- Die Zucchini mit dem Sparschäler längs in dünne Scheiben schneiden und im Olivenöl beidseitig leicht bräunen. Herausnehmen und auf Küchenpapier abtropfen lassen.
- Das Gemüse mit dem Camembert mischen, auf die Zucchinischeiben verteilen und einrollen.
- Die Tomaten würzen, auf den Boden einer Gratinform verteilen, die Zucchinirollen hineinstellen und mit der Bouillon umgießen.
- Mit dem Greyerzer bestreuen und im vorgeheizten Ofen (220° C) 5-10 Minuten gratinieren.

Artischocken mit drei Saucen

- Reichlich Salzwasser mit 2 Eßlöffeln Zitronensaft und 1 Prise Zucker zum Kochen bringen.
- Von den Artischocken den Stiel ausbrechen und die Bruchstelle sofort mit Zitrone einreiben.
- Mit einem scharfen Messer die Spitze abschneiden und mit einer Schere die einzelnen, äußeren Blätter kürzen. Sofort ins kochende Wasser geben und je nach Größe 30-45 Minuten garen.
- Wenn sich die Blättchen leicht herausziehen lassen, sind die Artischocken gar.
- Gut abtropfen lassen und mit den drei Saucen servieren.

- Saucen: Schnittlauch, Cognac und Greyerzer im Mixer pürieren und nach und nach die Sahne zufügen. Würzen und in einer Schüssel anrichten.
- Doppelrahm-Frischkäse, Tomatenmark und Sahne zusammen glattrühren, würzen und in einer Schüssel anrichten.
  Mit Tomatenwürfeln garnieren.
- Sauerrahm und Orangensaft zusammen vermischen, Safran unterrühren und würzen.

Zutaten

- 4-8 Artischocken, je nach Größe
- 2 EL Zitronensaft
- 1 Prise Zucker
- 1/2 Zitrone

Schnittlauch-Sauce:
- 3 Bund Schnittlauch, kleingeschnitten
- 1 EL Cognac oder Sherry
- 60 g Greyerzer Switzerland, gerieben
- 0,15 l süße Sahne
- Salz, Zitronenpfeffer, Paprika

Rote Sauce:
- 180 g Doppelrahm-Frischkäse
- 1 EL Tomatenmark
- 5-6 EL süße Sahne
- Salz, Pfeffer, Paprika, Cayenne-Pfeffer
- 1 Tomate, geschält, entkernt, in Würfel geschnitten

Safran-Sauce:
- 1 Becher Sauerrahm
- 1 EL Orangensaft
- 1 Brieflein Safran
- Salz, Pfeffer aus der Mühle

Vorbereitungszeit:
ca. 10 Minuten

Blumenkohl-Torte

Zutaten

- 1 kg Blumenkohl, in Röschen geteilt
- 20 kleine Brokkoliröschen
- 40 g Butter
- 40 g Mehl
- 0,2 l Weißwein
- 0,2 l süße Sahne
- 100 g Sbrinz Switzerland, gerieben
- Salz, Pfeffer, Paprika
- 2 Eier, verquirlt
- 1 Eigelb, verquirlt
- Butter für die Form

Vorbereitungszeit: ca. 15 Minuten

- Den Blumenkohl in Salzwasser knapp gar kochen. Herausnehmen, abschrecken und gut abtropfen lassen, ca. 5 Röschen beiseite legen und den Rest grob hacken. Die Brokkoliröschen in Salzwasser kurz blanchieren, herausnehmen, mit kaltem Wasser abschrecken und beiseite stellen.
- Die Butter in einem Topf schmelzen, das Mehl zufügen und kurz dünsten, ohne Farbe annehmen zu lassen. Vom Feuer nehmen und unter ständigem Rühren mit dem Weißwein und der Sahne ablöschen. Unter Rühren 8-10 Minuten köcheln, bis eine dickflüssige Masse entsteht. Vom Feuer nehmen, den Sbrinz darin schmelzen, würzen und etwas auskühlen lassen. Die Eier und das Eigelb unterrühren und die Sauce sorgfältig mit dem Blumenkohl mischen.
- Ein rundes Kuchenblech (mit hohem Rand, ca. 22 cm Durchmesser) mit Backpapier auslegen. Die Hälfte der Blumenkohlmasse einfüllen und glattstreichen. Die Hälfte der Brokkoliröschen schön verteilt in die Masse drücken, mit dem restlichen Blumenkohl bedecken und glattstreichen. Im vorgeheizten Ofen (220° C) 20-25 Minuten backen. Herausnehmen, 5 Minuten ruhen lassen und auf eine flache Platte stürzen. Die zurückbehaltenen Brokkoli- und Blumenkohlröschen halbieren und die Torte damit garnieren. Heiß servieren.
- Dazu paßt Saucenfleisch oder ein bunter Salat.

Gemüse-Auflauf

Zutaten

- 250 g geputztes Gemüse (Möhren, Brokkoli, Paprika usw.)
- 250 g frisch gekochte Pellkartoffeln
- 250 g Quark (20 Prozent Fett i.Tr.)
- 150 g Appenzeller Switzerland, gerieben
- 4 EL Milch
- Pfeffer, Salz
- 1/2 Bund Petersilie, gehackt
- 2 Eiweiß
- Butter für die Form

Vorbereitungszeit:
ca. 25 Minuten

- Das Gemüse in Salzwasser knackig kochen, abschrecken, abschütten, gut abtropfen lassen und grob hacken.
- Die Kartoffeln schälen, vierteln und durch die Kartoffelpresse oder die „Flotte Lotte“ oder den Fleischwolf (mit feiner Scheibe) treiben.
- Mit Quark, Appenzeller und Milch vermischen und würzen.
- Gemüse und Petersilie unter die Kartoffel-Käsemasse ziehen.
- Eiweiß gut steifschlagen, unter die Masse heben und in eine ausgebutterte Auflaufform füllen. Die Form darf nur zu 2/3 gefüllt sein.
- Im vorgeheizten Ofen (200° C) 50-60 Minuten backen und sofort servieren. Dazu paßt kurzgebratenes Fleisch.

Mangoldroulade mit Greyerzer

Zutaten

Füllung:
- 10 g Butter
- 2 Schalotten, gehackt
- 2 Blätter Mangold, in feine Streifen geschnitten
- Salz, Pfeffer
- 0,1 l Wasser
- 40 g Butter
- 60 g Mehl
- 30 g Greyerzer Switzerland, gerieben
- 2 Eigelb
- 100 g Greyerzer Switzerland, in Würfel geschnitten
- Salz, Pfeffer, Muskatnuß
- 2 Eiweiß
- 6 Blätter Mangold, ohne Strunk und Stiele
- 0,3 l Weißwein
- Butter für die Form
- 50 g Greyerzer Switzerland, grob gerieben

Vorbereitungszeit:
ca. 15 Minuten

- Die Schalotten in der Butter glasig braten. Die Mangoldstreifen zufügen, weich dünsten, würzen und beiseite stellen.
- Wasser und Butter zusammen aufkochen, das Mehl komplett beigeben und rühren, bis sich der Teig vom Topfrand löst. Vom Feuer nehmen, die gedünsteten Mangoldstreifen, den geriebenen Greyerzer sowie ein Eigelb nach dem anderen unter den Teig arbeiten. Die Greyerzerwürfel ebenfalls unter den Teig mischen und das Ganze würzen. Anschließend das Eiweiß sehr steif schlagen und zuerst ein Drittel, danach den Rest unterheben.
- Die Mangoldblätter (Stiele für Gemüse verwenden) auf der Arbeitsfläche ausbreiten und mit Küchenpapier trockentupfen. Die Blätter in der Mitte längs halbieren und grobe Rippen etwas flachschneiden. Die Füllung auf die Blätter verteilen und einrollen. In einen Topf legen, mit Weißwein übergießen und zugedeckt 15-20 Minuten köcheln lassen. Die Krautwickel in eine bebutterte Gratinpfanne legen (den Wein für Saucen verwenden). Mit Greyerzer bestreuen und im vorgeheizten Ofen (250° C) schmelzen lassen.
- Dazu passen Kartoffeln oder Reis.

Sbrinz-Spinatflan an Basilikumsauce

- Alle Zutaten für die Spinatmasse im Mixer sehr fein pürieren, ebenso alle Zutaten für die Sbrinzmasse. 4 kleine Auflaufförmchen ausbuttern. Erst die Spinatmasse einfüllen.
- Dann die Sbrinzmasse über einen Löffelstiel auf die Spinatmasse laufen lassen, damit sie sich nicht mischen. Die gelbe Masse liegt dann oben auf der grünen.
- Im Wasserbad, knapp unter dem Siedepunkt, etwa 30 Minuten zugedeckt garen.
- Für die Sauce die Zwiebel mit dem Mascarpone leicht dünsten. Basilikum, Wasser und Salz beifügen und mit dem Mixstab fein pürieren.
- Die Flans mit einem Messer dem Rand entlang lösen und auf die Teller stürzen. Mit Sauce umgießen und mit Basilikumblättern garnieren.
- Als Vorspeise servieren. Als Hauptgericht mit Reis, Gemüsenudeln oder Kartoffeln.
- Die Eiweiße können tiefgekühlt und später für Rühreier, Gratinmasse oder einen Kuchenguß verwendet werden.

Zutaten

Spinatmasse:
- 200 g Spinat (frischer blanchiert, gefrorener aufgetaut)
- 0,15 l süße Sahne
- 4 Eigelb
- Salz, Muskat

Sbrinzmasse:
- 150 g Sbrinz Switzerland, fein gerieben
- 0,15 l süße Sahne
- 4 Eigelb
- Pfeffer

- Butter für die Förmchen

Basilikumsauce:
- 1 kleine Zwiebel, fein gehackt
- 150 g Mascarpone
- 1 Bund Basilikum, fein gehackt
- 50 ml Wasser
- Salz

- Basilikumblätter zum Garnieren

Vorbereitungszeit:
ca. 15 Minuten

Stangensellerie mit Käsecrème

- Stangensellerie in Stengel teilen, gut waschen, harte Teile entfernen und die Stangen auf eine Platte legen.
- Sämtliche Zutaten für die Käsecrème zusammen vermischen, in einen Spritzsack füllen und auf die Selleriestangen spritzen.
- Mit den Pistazien bestreuen.

Eignet sich auch als Single-Rezept.

Zutaten

- **1 Staude Stangensellerie**

Käsecrème:

- **260 g Doppelrahm-Frischkäse**
- **2-3 EL süße Sahne**
- **1-2 EL Grand Marnier**
- **2 EL Tilsiter Switzerland, gerieben**
- **Salz, Pfeffer, Paprika**
- **1 EL Pistazien oder gesalzene Erdnüsse, gehackt**

Vorbereitungszeit: ca. 5 Minuten

Gemüse-Kartoffeln

Zutaten

- **4 große oder 8 mittlere Kartoffeln**

Füllung:

- **1 große Möhre, geschält, in feine Streifen geschnitten**
- **1 kleine Stange Lauch, in Streifen geschnitten**
- **1 kleiner Kohlrabi, geschält, in feine Streifen geschnitten**
- **50 g Spinat gewaschen, in Streifen geschnitten**
- **60 g Tilsiter Switzerland, in Würfel geschnitten**
- **Salz, Pfeffer**
- **1 Zweig Thymian, gehackt**
- **30 g Butter**
- **0,25 l Gemüsebouillon (Fertigprodukt)**
- **50 g Tilsiter Switzerland, in feine Streifen geschnitten**

Vorbereitungszeit: ca. 20 Minuten

- Kartoffeln in der Schale 15 Minuten in Salzwasser kochen lassen, herausnehmen und etwas auskühlen lassen.
- In der Zwischenzeit Möhre, Lauch und Kohlrabi in Salzwasser kurz blanchieren, auf ein Sieb leeren, abschrecken und gut abtropfen lassen.
- Mit Spinatstreifen und Tilsiterwürfeln sorgfältig mischen, würzen und beiseite stellen.
- Die Kartoffeln schälen, längs einen Deckel wegschneiden, aushöhlen. Das ausgehöhlte Kartoffelfleisch kleinschneiden und zur Gemüsefüllung geben.
- Die Kartoffeln in der erhitzten Butter rundum gut anbraten und in eine Gratinform setzten. Die Gemüsefüllung in die Kartoffeln füllen. Mit der Gemüsebouillon umgießen und mit Alufolie bedecken. Im vorgeheizten Ofen (220° C) 20 Minuten garen.
- Die Folie entfernen, die Kartoffeln mit den Tilsiterstreifen bestreuen und nochmals im Ofen kurz überbacken, bis der Käse zu schmelzen beginnt.
- Dazu paßt kurzgebratenes Fleisch.

Fischgerichte

Rezept: Seite 115

Blumenkohl-Flan mit Garnelen

Zutaten

- 300 g Blumenkohl, in Röschen zerteilt
- 0,2 l Hühnerbouillon (Fertigprodukt)
- 50 g Sbrinz Switzerland, gerieben
- 2 Eier
- 50 ml süße Sahne
- evtl. Salz, Muskatnuß
- Butter für die Förmchen

Kerbelsauce:

- 0,1 l süße Sahne
- 2 Bund Kerbel, gehackt
- Salz, Pfeffer, Cayenne-Pfeffer

- 8-12 gekochte Riesen-Garnelen, geschält

Vorbereitungszeit:
ca. 15 Minuten

- Blumenkohl in der Hühnerbouillon weich dünsten, etwas auskühlen lassen und im Mixer pürieren.
- Sbrinz, Eier und Sahne zufügen, im Mixer kurz unterrühren und die Masse durch ein Sieb streichen, würzen.
- In vier gut ausgebutterte Portionsförmchen füllen und im vorgeheizten Ofen (200° C), im Wasserbad 20-25 Minuten garen.
- In der Zwischenzeit Sahne und Kerbel im Mixer pürieren, in ein Pfännchen geben, erhitzen, würzen; die Riesen-Garnelen in der Sauce erhitzen.
- Flan auf vorgewärmte Teller stürzen und mit den Riesen-Garnelen und der Sauce garnieren.

Lachs-Pfannkuchen

- Sämtliche Zutaten für den Teig zusammen verquirlen und 30 Minuten ruhen lassen.
- Für die Sauce die Butter in einem Topf schmelzen lassen, das Mehl zufügen und kurz dünsten, ohne Farbe annehmen zu lassen.
- Mit Weißwein und Sahne ablöschen und 3-4 Minuten köcheln lassen. Dill beigeben, den Greyerzer in der Sauce schmelzen, würzen und beiseite stellen.
- Aus dem Omelettenteig im heißen Öl vier kleine, dünne Omelettchen ausbacken und warmstellen.
- Die Lachsstreifen mit Zitronensaft, Salz und Pfeffer würzen und in die Omelettchen einwickeln.
- In Portions-Gratinförmchen oder auf feuerfeste Teller legen, mit der Sauce übergießen und im vorgeheizten Ofen (220° C) ca. 10 Minuten überbacken.

Zutaten

Teig:
- **2 gehäufte EL Mehl**
- **2 Eier**
- **1 EL flüssige Butter**
- **0,1 l Milch**
- **Salz, Pfeffer**

Sauce:
- **30 g Butter**
- **30 g Mehl**
- **50 ml Weißwein**
- **0,2 l süße Sahne**
- **2 Zweige Dill, gehackt**
- **60 g Greyerzer Switzerland, gerieben**
- **Salz, Pfeffer**
- **3 EL Öl**
- **300 g frischer Lachs, in 12 dünne Streifen geschnitten**
- **4 TL frischer Zitronensaft**
- **wenig Salz, Pfeffer**

Vorbereitungszeit: ca. 15 Minuten

Fischgratin Surprise

Zutaten

- 3 rote Paprika, halbiert, entkernt, in Streifen geschnitten
- Butter für die Form
- ca. 500 g Fischfilets (Kabeljau, Lachs, Meerforelle usw.)
- 1 EL frischer Zitronensaft
- Salz, Pfeffer aus der Mühle
- 50 ml Schaumwein (Sekt oder Apfelschaumwein)

Guß:

- 0,15 l Crème double
- 1 Ei
- 60 g Tilsiter Switzerland, gerieben
- 3 Zweige Dill, gehackt
- 1/2 Bund Petersilie, gehackt
- Salz, Zitronenpfeffer

- dünn abgeschälte Schale von 1 unbehandelten Zitrone

Vorbereitungszeit: ca. 10 Minuten

- Die Paprikastreifen in Salzwasser kurz blanchieren, herausnehmen, gut abtropfen lassen und in einer ausgebutterten Gratinform verteilen.
- Die Fischfilets mit Zitronensaft beträufeln, würzen, auf das Gemüse legen und mit dem Schaumwein übergießen.
- Sämtliche Zutaten für den Guß zusammen vermischen und über den Fisch verteilen.
- Im vorgeheizten Ofen (220° C) 10-15 Minuten überbacken.
- Mit Zitronenschale garnieren.

Gebackene Riesen-Garnelen Denise

Zutaten

- 12 rohe Riesen-Garnelen, ausgelöst
- Zitronenpfeffer
- 2 gehäufte EL Mehl
- 1 TL Dill, gehackt
- 2 Eier, verquirlt
- Salz, Pfeffer
- 2 EL Butterschmalz
- 60 g Sbrinz Switzerland, gerieben
- Chili- oder Süß-sauer-Sauce (Fertigprodukt aus der asiatischen Küche)

Vorbereitungszeit: ca. 10 Minuten

- Die Garnelen würzen.
- Das Mehl mit dem Dill vermischen, die Garnelen darin und anschließend im gewürzten Ei wenden.
- Rasch im heißen Butterschmalz beidseitig je 1 Minute braten.
- Auf vier vorgewärmten Tellern anrichten und mit dem Sbrinz bestreuen.
- Die Sauce separat dazu servieren.
- Dazu paßt ein bunter Salat.

Eignet sich auch als Single-Rezept.

Zutaten

Füllung:
- 20 g Butter
- 1 kleine Zwiebel, gehackt
- 250 g Seezungenfilets, entgrätet, gehackt
- 2 TL Zitronensaft
- 150 g Sahnequark
- 50 g Sbrinz Switzerland, gerieben
- 50 g Emmentaler Switzerland, gerieben
- 2-3 Blätter Salbei, gehackt
- 1/2 Bund Petersilie, gehackt
- Salz, Pfeffer

Teig:
- 400 g Weißmehl
- 1 gestrichener EL Salz
- 4 Eier
- 1 EL Olivenöl
- etwas Mehl zum Bearbeiten des Teiges
- 1 Eiweiß, verquirlt
- 1 EL Öl
- 40 g Butter
- 2-3 Blätter Salbei, gehackt

Vorbereitungszeit:
ca. 25 Minuten

Ravioli mit Seezungenfüllung

- Für die Füllung die Zwiebel in der Butter glasig braten und etwas auskühlen lassen. Das Fischfleisch mit Zitronensaft beträufeln, mit der Zwiebel und den restlichen Zutaten vermischen und würzen.
- Für den Teig das Mehl im Kranz auf die Arbeitsfläche sieben. Salz und Wasser zusammen vermischen und in die Mitte geben. Von der Mitte aus mit den Fingern sorgfältig zu einem Teig verarbeiten. 15 Minuten von Hand kneten, bis er im Inneren Luftblasen bekommt. Eine Steingutschüssel mit kochend heißem Wasser vorwärmen. Den Teig zu einer Kugel formen und die feuchte, heiße Schüssel darüber stülpen und 30 Minuten ruhen lassen. Anschließend den Teig in vier Stücke aufteilen und portionsweise verarbeiten. Den verbleibenden Teig immer wieder zudecken (evtl. mit einem feuchten Küchentuch).
- Den Teig messerrückendick ausrollen und Plätzchen von ca. 6 cm Durchmesser ausstechen. Die Füllung auf die Mitte der Teigplätzchen verteilen, die Ränder mit Eiweiß bestreichen und mit einem zweiten Teigplätzchen bedecken. Die Ränder um die Füllung gut andrücken – evtl. nochmals ausstechen, um eine saubere Kante zu halten – und auf ein leicht bemehltes Tuch legen, bis alle Ravioli fertig sind.
- Anschließend in reichlich Salzwasser unter Zugabe des Öls 3-4 Minuten köcheln. Sobald sie an der Oberfläche schwimmen, mit der Schaumkelle herausnehmen und auf vorgewärmten Tellern anrichten. Den Salbei in der Butter kurz dünsten und über die Ravioli verteilen. Dazu wird noch separat geriebener Sbrinz serviert.
- Ravioli-Trick: Ein guter Verschluß der Ravioli wird erreicht, indem man ein kleineres Ausstechförmchen umgekehrt auf die Ravioli drückt (d.h. nicht mit der Schnittkante).

Gebackene Fischfilets

Zutaten

- 50 ml Olivenöl
- 1 kleine Zwiebel, gehackt
- 1 Knoblauchzehe, durchgepreßt
- Saft von 1/2 Zitrone
- 8 Fischfilets (Forelle, Seezunge, Zander)
- 4 EL Mehl
- 2 Eier, verquirlt
- Salz, Pfeffer
- 1 große Tasse Paniermehl
- 50 g Sbrinz Switzerland, gerieben
- 6 Blättchen Salbei, fein gehackt
- Öl zum Ausbacken

Vorbereitungszeit: ca. 15 Minuten

- Zwiebel und Knoblauch im Olivenöl glasig braten, den Zitronensaft zufügen und etwas auskühlen lassen.
- Die Fischfilets mit Haushaltspapier trockentupfen, auf eine flache Platte legen und mit dem gewürzten Öl beträufeln.
- Mit Alufolie bedecken und im Kühlschrank 30 Minuten ziehen lassen.
- Anschließend im Mehl, im gewürzten Ei und im mit Sbrinz und Salbei vermischten Paniermehl wenden. Im erhitzten Öl goldbraun braten.
- Für dieses Gericht kann man alle möglichen See- und Meeresfische verwenden.
- Wem der Olivenölgeschmack zu intensiv ist, der kann das Gericht auch mit einem geschmacksneutralen Öl zubereiten.

Eignet sich auch als Single-Rezept.

Seeteufel-Piccata

- Die Seeteufel-Schnitzel in Worcestersauce und Zitronensaft 5-10 Minuten marinieren. Herausnehmen, mit Salz und Pfeffer würzen und mit Mehl bestäuben.
- Die Eier mit dem Sbrinz und den Kräutern mischen.
- Die Fischstücke durch die Eimasse ziehen.
- Olivenöl und Butter zusammen erhitzen und die Fischstücke darin goldgelb braten und auf vorgewärmten Tellern anrichten.
- Die Tomatenwürfel im übriggebliebenen Fett kurz dünsten und über die Fische verteilen.
- Dazu paßt Reis.

Eignet sich auch als Single-Rezept.

Zutaten

- **400 g Seeteufel-Filets, in kleine Schnitzel geschnitten**
- **einige Spritzer Worcestersauce**
- **1 EL Zitronensaft**
- **Salz, Pfeffer aus der Mühle**
- **1 EL Mehl**
- **2 Eier, verquirlt**
- **100 g Sbrinz Switzerland, gerieben**
- **1 TL gehackte Kräuter (Thymian, Oregano, Petersilie)**
- **3 EL Olivenöl**
- **30 g Butter**
- **2 Tomaten, geschält, entkernt, in Würfel geschnitten**

Vorbereitungszeit: ca. 15 Minuten

Überbackene Seezungenfilets

Zutaten

- 20 g Butter
- 3-4 Schalotten, gehackt
- 2 Möhren, geschält, in feine Streifen geschnitten
- 1/2 Sellerie, geschält, in feine Streifen geschnitten
- 2 Zucchini, in feine Streifen geschnitten
- 1/2 Bund Petersilie, gehackt
- Salz, Pfeffer
- Butter für die Form
- 600 g Seezungen- oder Rotzungenfilets
- Zitronensaft
- Salz, weißer Pfeffer
- 150 g Shrimps in Lake, abgetropft

Guß:

- 0,25 l Panna (Kochsahne)
- 1 TL Currypulver
- 100 g Freiburger Switzerland, gerieben
- Salz, Pfeffer, eine Spur Muskatnuß
- 1 Zweig Pfefferminze, gehackt (nach Belieben)

Vorbereitungszeit:
ca. 30 Minuten

- Die Schalotten in der Butter glasig dünsten.
- Möhren, Sellerie und Zucchini zufügen und knapp weichdünsten. Würzen und auf dem Boden einer bebutterten Gratinform ausbreiten.
- Die Fischfilets würzen, mit der Hautseite nach innen zusammenfalten und dachziegelartig auf das Gemüse legen. Die Garnelen darüber verteilen.
- Alle Zutaten für den Guß vermischen und über die Fischfilets verteilen.
- Im vorgeheizten Ofen (200° C) 8-10 Minuten überbacken.
- Vor dem Servieren die Pfefferminze (nach Belieben) über die Fischfilets verteilen.
- Mit Reis oder Salzkartoffeln servieren.

Zander auf Gemüsebett

Zutaten

- 4 EL Olivenöl
- 2 gelbe Paprika, entkernt, in Streifen geschnitten
- 2 mittlere Zucchini, halbiert, in Scheiben geschnitten
- 2 Stengel Stangensellerie, in Scheiben geschnitten
- 0,2 l Gemüsebouillon (Fertigprodukt)
- 2 große Zanderfilets oder 8 kleine (ca. 600 g)
- Zitronensaft, Salz, Pfeffer
- 100 g Greyerzer Switzerland, gerieben
- 100 g Mascarpone
- 3-4 EL Weißwein
- 1 TL Currypulver (nach Belieben)
- Salz, Pfeffer
- 1/2 Bund Schnittlauch, gehackt
- 1 Zweig Thymian, abgezupft

Vorbereitungszeit: ca. 25 Minuten

- Die Gemüse im Olivenöl gut andünsten, die Bouillon zufügen, knapp weichdünsten und eventuell nachwürzen.
- Die Zanderfilets mit Küchenpapier trockentupfen und würzen.
- Das Gemüse auf feuerfeste Teller oder in eine Gratinform, darauf dann die Fischfilets legen.
- Greyerzer, Mascarpone, Wein, Gewürze und Kräuter mischen und über die Fischfilets verteilen.
- Im vorgeheizten Ofen überbacken, bis der Käse zu schmelzen beginnt (ca. 8-10 Minuten, je nach Dicke der Fischfilets).
- Dazu passen Nudeln oder Reis.

Eignet sich auch als Single-Rezept.

Fleischgerichte

Rezept: Seite 127

Hähnchenbrust im Zucchini-Mantel

- Bei den Hähnchenbrüsten eine Tasche einschneiden, die Käsestäbchen hineinstecken und würzen.
- Die Zucchini am Gemüsehobel längs in 2 mm dünne Scheiben schneiden, mit wenig Salz bestreuen und ca. 10 Minuten ziehen lassen.
- Auf Küchenkrepp abtropfen und jede Hähnchenbrust mit zwei Zucchinischeiben umwickeln.
- Die Enden mit Zahnstochern fixieren. Restliche Zucchinischeiben in Würfel schneiden und beiseite legen.
- Die Hähnchenbrüste im Butterschmalz bei kleiner Hitze beidseitig kurz anbraten, dann zugedeckt während ca. 10 Minuten dünsten, herausnehmen und warmstellen.
- Die Zucchiniwürfel in der restlichen Butter kurz andünsten.
- Mit Weißwein ablöschen und stark einkochen lassen.
- Hühnerbouillon, Panna oder Crème double und rosa Pfefferkörner zufügen, aufkochen, den Greyerzer darin schmelzen, würzen und die Hähnchenbrüste damit umgießen.

Eignet sich auch als Single-Rezept.

Zutaten

- 4 Hähnchenbrüste
- 80 g Greyerzer Switzerland, in 4 Stäbchen geschnitten
- Salz, Pfeffer aus der Mühle, wenig Rosmarin-Pulver
- 1 mittelgroße Zucchini
- wenig Salz
- 1 EL Butterschmalz
- 0,1 l Weißwein
- 0,1 l Hühnerbouillon (Fertigprodukt)
- 1 Becher Panna (Kochsahne) oder Crème double
- 1 TL rosa Pfefferkörner
- 120 g Greyerzer Switzerland, gerieben
- Salz, Pfeffer aus der Mühle, Paprika

Vorbereitungszeit:
ca. 20 Minuten

Lammkoteletts mit Sbrinz und Thymian

Zutaten

Käsemasse:
- 3 Eigelb
- 100 g Sbrinz Switzerland, gerieben
- 2 TL Thymian, gehackt
- etwas Senf

- 12 Lammkoteletts
- 1 EL Thymian, grob gehackt
- 50 ml Olivenöl
- Salz, Pfeffer aus der Mühle
- 2 Eiweiß

Vorbereitungszeit:
ca. 15 Minuten

- Eigelb, Sbrinz, Thymian und Senf zu einer dicken Masse vermischen. Kühl stellen.
- Die Lammkoteletts beidseitig mit dem grob gehackten Thymian bestreuen, im Olivenöl kurz anbraten, würzen und auf ein Blech legen.
- Eiweiß steif schlagen und vorsichtig unter die Käsemasse heben.
- Die Koteletts damit bestreichen und unter dem Grill oder bei maximaler Oberhitze etwa 5 Minuten überbacken, bis die Masse goldbraun ist.
- Dazu passen Bratkartoffeln.

Eignet sich auch als Single-Rezept.

Entenbrust mit Käse-Kruste

- Die Entenbrüste dünn mit Senf bestreichen, würzen, die Fettseite kreuzweise einschneiden und im heißen Butterschmalz beidseitig je 3-4 Minuten braten. Herausnehmen und etwas auskühlen lassen.
- Alle Zutaten für die Käsekruste zusammen mischen. Die Fettschicht bei den Entenbrüsten mit einem scharfen Messer ablösen und wegwerfen.
- Die Käsemasse auf das Fleisch verteilen und im vorgeheizten Ofen (250° C) goldgelb überbacken. Herausnehmen, kurz ruhen lassen und in Scheiben schneiden.
- Auf vorgewärmten Tellern anrichten.
- Dazu passen gekochte, in einer Vinaigrette marinierte Möhren oder ein Kartoffelgratin.

Eignet sich auch als Single-Rezept.

Zutaten

- **2 EL Butterschmalz**
- **2 große Entenbrüste**
- **1 TL Senf**
- **Pfeffer, Paprika**

Käsekruste:

- **100 g Greyerzer Switzerland, gerieben**
- **60 g Emmentaler Switzerland, gerieben**
- **1 Ei, verquirlt**
- **1 EL Kräuter, gehackt (Petersilie, Schnittlauch, wenig Basilikum)**
- **1 EL Paniermehl**
- **1 TL Mehl**
- **Salz, Pfeffer, Muskatnuß, Cayennepfeffer**

Vorbereitungszeit: ca. 15 Minuten

Roastbeef mit Käse-Kräuterhaube

Zutaten

- 2 EL Senf
- Salz, Pfeffer, Paprika, Cayennepfeffer
- 1,2 kg Roastbeef
- 6 EL Erdnuß- oder Pflanzenöl
- 2 EL Butter
- 1 Zwiebel, gehackt
- 1 Knoblauchzehe, durchgepreßt
- 1 Bund Petersilie, gehackt
- 1 kleiner Zweig frisches Rosmarin, gehackt
- 2 Zweige Salbei, gehackt
- wenig Thymian, gehackt
- 4 Blätter Selleriekraut, gehackt
- 60 g Appenzeller Switzerland, gerieben
- 60 g Greyerzer Switzerland, gerieben
- 1 EL Paniermehl
- 3-4 EL Sauerrahm

Vorbereitungszeit: ca. 20 Minuten

- Senf, Salz, Pfeffer, Paprika und Cayennepfeffer zusammen vermischen, das Roastbeef damit einstreichen und in einem Bratgeschirr im heißen Öl alles gut anbraten.
- Im vorgeheizten Ofen (220° C) unter Wenden ca. 35 Minuten braten, bis 55° C Innentemperatur.
- Mit Braten-Thermometer messen, dann ist es nach dem Überbacken innen rosa.
- In der Zwischenzeit Zwiebel und Knoblauch in der Butter glasig braten, die Kräuter beifügen, kurz mitdünsten und auskühlen lassen.
- Mit Käse und Paniermehl vermischen und nach Bedarf Sauerrahm beigeben, so daß eine kompakte, streichfähige Masse entsteht.
- Das Roastbeef aus dem Ofen nehmen, die Käsemasse auf die Oberfläche verteilen und leicht andrücken.
- Im Ofen überbacken, bis der Käse zu schmelzen beginnt.
- Das Roastbeef vor dem Tranchieren ca. 10 Minuten ruhen lassen.
- Dazu paßt eine reichhaltige Gemüseplatte.

Steaks mit Morchelsauce

Zutaten

Pilzragout:
- 30 g getrocknete Morcheln, nach Packungsvorschrift eingeweicht
- 20 g Butter
- 0,2 l Gemüsebouillon (Fertigprodukt)
- 0,2 l Panna (Kochsahne) oder Crème double
- wenig Pfeffer, nach Bedarf

- 1 kleine Stange Lauch, halbiert, in Streifen geschnitten
- 30 g Butterschmalz
- 4 Schweine- oder Kalbssteaks à 150 g
- Salz, Pfeffer, Paprika
- 50 g Appenzeller Switzerland, grob gerieben

Vorbereitungszeit:
ca. 15 Minuten

- Die Morcheln in der Butter kurz andünsten, mit der Bouillon übergießen und 2 Minuten köcheln lassen.
- Die Pilze herausnehmen und beiseite stellen.
- Die Kochflüssigkeit, wenn nötig, bis auf vier Eßlöffel einkochen lassen.
- Die Panna (Kochsahne) zufügen und ebenfalls etwas einkochen lassen. Würzen, die Pilze beigeben und warmstellen.
- Die Lauchstreifen in Salzwasser kurz blanchieren und gut abgetropft über das Morchelragout geben.
- Die gewürzten Steaks kurz anbraten, die Hitze reduzieren und beidseitig je 3-4 Minuten braten.
- Auf vorgewärmten Tellern anrichten und das Morchelragout darüber geben. Mit dem Käse bestreuen und sofort servieren.

Eignet sich auch als Single-Rezept.

Zutaten

- 4 Lammfilets (ca. 500 g), beim Metzger vorbestellen
- Salz, Pfeffer, Rosmarinpulver, Paprika, wenig Korianderpulver
- 2 EL Butterschmalz
- 20 g Butter
- 1 kleine Zwiebel, in Streifen geschnitten
- 2 Knoblauchzehen, durchgepreßt
- 50 g getrocknete Morcheln (über Nacht in Wasser eingeweicht), in Streifen geschnitten
- 0,1 l Crème double oder Panna (Kochsahne)
- 80 g Greyerzer Switzerland, gerieben
- 1 Ei, verquirlt
- Salz, Pfeffer
- 250 g Blätterteig, rechteckig ausgerollt
- 8-12 Lattichblätter oder 400 g Spinatblätter, blanchiert
- 1 Ei, verquirlt

Vorbereitungszeit:
ca. 25 Minuten

Lammfilet im Teigmantel

- Lammfilet würzen und im heißen Butterschmalz rundum kurz anbraten, herausnehmen und beiseite stellen.
- Zwiebel und Knoblauch in der Butter glasig braten, die Morcheln zufügen und dünsten, bis der sich bildende Saft wieder eingekocht ist. Mit Crème double auffüllen, etwas einkochen und auskühlen lassen.
- Mit Greyerzer und Ei vermischen und würzen.
- Den Blätterteig auf der Arbeitsfläche auslegen, die Hälfte der gut abgetropften und mit Küchenpapier trockengetupften Lattich- oder Spinatblätter darauf verteilen – dabei einen Rand von 2 cm frei lassen.
- Die Pilzmasse auf die Blätter austreichen und mit den restlichen Gemüseblättern bedecken.
- Das oder die Lammfilets daraufsetzen, die Teigränder mit Ei bestreichen, alles satt einrollen und die Ränder gut andrücken.
- Die seitlichen Teigenden nach unten falten und das Filet mit den Nahtstellen nach unten auf ein mit Backpapier belegtes Blech setzen. Mit Teigresten garnieren, mit Ei bestreichen und 10-15 Minuten kühlstellen.
- Anschließend im vorgeheizten Ofen (220° C) ca. 15 Minuten backen.
- Herausnehmen, 5 Minuten ruhen lassen und in Scheiben schneiden.
- Dieses Gericht kann auch mit Lammrücken zubereitet werden (vom Metzger ausbeinen lassen).
- Dazu passen halbierte, mit Kräutern bestreute und mit Olivenöl beträufelte, gedünstete Tomaten.

Gefüllte Entenbrust

- Sämtliche Zutaten für die Füllung zusammen vermischen.
- Bei den Entenbrüsten eine Tasche einschneiden.
- Innen und außen würzen, die Füllung in die Taschen verteilen und die Öffnung mit einem Zahnstocher verschließen.
- Entenbrust im heißen Butterschmalz beidseitig gut anbraten, die Hitze reduzieren und beidseitig je 3 Minuten braten.
- Herausnehmen und mit Alufolie bedeckt ruhen lassen, dabei das Fleisch ab und zu wenden.
- Im verbleibenden Butterschmalz die Schalotten glasig braten, Tomatenmark zufügen, kurz mitbraten und mit dem Port- oder Rotwein ablöschen.
- 2-3 Minuten kochen und durch ein Sieb in eine Pfanne zurückstreichen.
- Den Paprika und den Geflügelfond zufügen. Mit der Crème double verfeinern. 5 Minuten köcheln lassen und warmstellen.
- Die Entenbrust in Scheiben schneiden, auf vorgewärmten Tellern anrichten und mit einem Teil der Sauce umgießen.
- Dazu paßt mit Wildreis gemischter Reis oder gedünstetes Gemüse mit Kartoffelgratin.

Zutaten

Füllung:
- 1 Bund Kräuter, gehackt (Petersilie, Estragon, wenig Rosmarin)
- 3 Scheiben roher Schinken, gehackt
- 100 g Emmentaler Switzerland, grob gerieben
- 2 EL Crème double
- Salz, Pfeffer

- 2 Entenbrüste (ca. 600 g)
- Salz, Pfeffer, Paprika, wenig Majoranpulver
- 1/2 EL Butterschmalz

- 2 Schalotten, gehackt
- 1 TL Tomatenmark
- 0,1 l Port- oder Rotwein
- 1/2 gelbe Paprika, in Würfel geschnitten
- 0,2 l Geflügelfond (Fertigprodukt)
- 2 EL Crème double

Vorbereitungszeit:
ca. 25 Minuten

Kalbsschnitzel mit Zitronen-Käsesauce

Zutaten

- 2 EL Öl
- 8 dünne Kalbsschnitzel
- Salz, Pfeffer, Paprika
- 50 ml Weißwein
- Saft von 1 1/2 Zitronen (ca. 50 ml)
- 30 g Sbrinz Switzerland, gerieben
- 40 g Greyerzer Switzerland, gerieben
- 0,2 l süße Sahne
- Zitronenpfeffer, Paprika
- 1/2 Zitrone oder Limone, in dünne Scheibchen geschnitten

Vorbereitungszeit:
ca. 10 Minuten

- Die Kalbsschnitzel würzen und im heißen Öl kurz beidseitig braten, herausnehmen und beiseite stellen.
- Den Bratenfond mit Weißwein und Zitronensaft loskochen.
- Sbrinz und Greyerzer unter Rühren darin schmelzen, Sahne zufügen, evtl. nachwürzen und auf kleiner Flamme 5 Minuten köcheln lassen.
- Das Fleisch in der Sauce erwärmen, nicht mehr kochen.
- Auf einer vorgewärmten Platte anrichten und mit Zitronen- oder Limonenscheiben garnieren.
- Dazu paßt Safranrisotto oder Reis.

Eignet sich auch als Single-Rezept.

Chinakohl-Rouladen

- Vom Chinakohl 12 große Blätter beiseite legen. Den Rest fein hacken und mit den Zutaten für die Füllung vermischen.
- Chinakohlblätter in kochendem Salzwasser blanchieren, in ein Sieb geben und mit kalten Wasser überbrausen.
- Die Blätter herausnehmen, auf dem Tisch ausbreiten und mit Küchenpapier trockentupfen. Eventuell zu dicke Blattrippen etwas flachschneiden.
- Mit je einer Speckscheibe belegen und je einen Eßlöffel Füllung darauf verteilen. Einige Käsewürfel in die Mitte der Füllung drücken und die Masse über den Würfelchen schließen. In die Kohlblätter einpacken und mit der Blattspitze nach unten in eine ausgebutterte Gratinform legen.
- Mit der Bouillon übergießen und im vorgeheizten Ofen (180° C) ca. 30 Minuten schmoren lassen.
- Pilze und Sahne zufügen, würzen und nochmals im Ofen 5-10 Minuten schmoren lassen.
- Dazu passen Petersilienkartoffeln.
- Die Rouladen können am Vortag vorbereitet und in der ausgebutterten Form im Kühlschrank aufbewahrt werden. Bouillon dann erst vor dem Schmoren zugeben.

Zutaten

- **1 großer Chinakohl**

Füllung:

- **200 g Putenfleisch, gehackt**
- **1 Zwiebel, gehackt**
- **30 g Greyerzer Switzerland, gerieben**
- **1 Scheibe Toastbrot, ohne Rinde, in 2 EL Milch eingeweicht**
- **Salz, Pfeffer, wenig Rosmarinpulver**
- **Paprika**
- **12 Scheiben Frühstücksspeck**

- **100 g Käse, in Würfel geschnitten (Camembert, Tilsiter Switzerland, Appenzeller Switzerland)**
- **Butter für die Form**
- **0,15 l Hühnerbouillon (Fertigprodukt)**
- **1 kleine Dose Pfifferlinge**
- **0,1 l süße Sahne**
- **Salz, Pfeffer**

Vorbereitungszeit: ca. 20 Minuten

Zutaten

- 4 Putenschnitzel
- Salz, Zitronenpfeffer, wenig Rosmarinpulver
- 4 TL Mehl
- 2 Eier, verquirlt
- 160 g Greyerzer Switzerland, gerieben
- 4 EL Petersilie
- oder 8 Blätter Salbei, gehackt
- Salz, Pfeffer
- 4 EL Butter

Vorbereitungszeit:
ca. 10 Minuten

Truthahn-Piccata

- Putenschnitzel mit Küchenpapier trockentupfen, würzen und mit Mehl bestäuben.
- Ei, Greyerzer, Kräuter und Gewürze zusammen vermischen die Schnitzel darin wenden.
- In der Butter bei nicht zu starker Hitze goldbraun braten.
- Dazu passen Risotto und gedünstete Petersilientomaten.
- Die Piccata kann auch zusätzlich mit geriebenem Käse bestreut und kurz überbacken werden, bis der Käse geschmolzen ist.

Eignet sich auch als Single-Rezept.

Kalbsrollbraten mit Käse-Kräuterkruste

- Gewürze, Senf und Öl zusammen vermischen, den Rollbraten damit einstreichen und 30 Minuten ziehen lassen.
- In der Zwischenzeit sämtliche Zutaten für die Käse-Kräuterkruste zusammen vermischen und beiseite stellen.
- Den Rollbraten im heißen Öl auf allen Seiten gut anbraten, ebenfalls Möhren, besteckte Zwiebel, Selleriekraut und Tomatenmark kurz mitbraten.
- Mit Rotwein und Bratensauce ablöschen und im vorgeheizten Ofen (220° C) 1 3/4 Stunden schmoren lassen. Ab und zu mit der Sauce begießen.
- Nach Ende der Bratzeit aus dem Ofen nehmen, die Käse-Kräutermasse über den Braten verteilen und nochmals ca. 5-10 Minuten im Ofen überbacken.
- Vor dem Tranchieren 5 Minuten ruhen lassen.
- In der Zwischenzeit die Sauce durch ein Sieb passieren, mit dem Cognac verfeinern und separat zum Braten servieren.

Zutaten

- 1 kg Kalbsrollbraten
- 2 EL Sojasauce
- Pfeffer, Paprika, Thymian
- 1 EL Senf
- 6 EL Öl

Käse-Kräuterkruste:
- 100 g Greyerzer Switzerland, gerieben
- 50 g Sbrinz Switzerland, gerieben
- 2 Zweige Salbei, gehackt
- 1/2 Bund Petersilie, gehackt
- 2 Eiweiß
- evtl. Salz, Pfeffer

- 3 EL Öl
- 2 Möhren, geschält, halbiert
- 1 Zwiebel, besteckt mit 1 Lorbeerblatt und 2 Nelken
- 2 Zweige Selleriekraut
- 1 EL Tomatenmark
- 0,3 l Rotwein
- 0,4 l Bratensauce (oder Kalbsfond, muß man noch andicken)
- 2 EL Cognac

Vorbereitungszeit:
ca. 25 Minuten

Schweinskoteletts Greyerzer Art

Zutaten

- **1 EL Butterschmalz**
- **4 Schweinskoteletts à ca. 180 g**
- **Salz, Pfeffer, Paprika, Rosmarinpulver**
- **Butter für die Form**
- **200 g Greyerzer Switzerland, gerieben**
- **150 g gekochter Schinken, in Würfel geschnitten**
- **1 Ei**
- **Salz, Pfeffer**
- **4 Zweige Rosmarin**

Vorbereitungszeit: ca. 10 Minuten

- Die Koteletts würzen, im heißen Butterschmalz beidseitig je 6 Minuten braten und in eine ausgebutterte Gratinform legen.
- Greyerzer, Schinken, Ei und Gewürze zusammen vermischen und die Masse über die Koteletts verteilen.
- Im vorgeheizten Ofen (220° C) goldgelb überbacken.
- Vor dem Servieren mit einem Rosmarinzweig garnieren.
- Dazu passen Salzkartoffeln, Nudeln oder Reis sowie ein gemischter Salat.

Eignet sich auch als Single-Rezept.

Rindsrouladen mit Käse-Fleisch-Füllung

Zutaten

Füllung:
- 250 g gemischtes Hackfleisch
- Salz, Pfeffer, Paprika
- 1 kleine Zwiebel, gehackt
- 3 Zweige Petersilie, gehackt
- 100 g Emmentaler Switzerland, gerieben
- 1 Eigelb

- 4 große Rindsrouladen
- Salz, Pfeffer, Paprika
- 4 TL scharfer Senf
- 8 Scheiben Frühstücksspeck
- 1 EL Butterschmalz
- 1 große Möhre, in Würfel geschnitten
- 1 kleine Lauchstange, in Scheiben geschnitten
- 0,1 l Rotwein
- 0,2 l gebundene Bratensauce (Fertigprodukt)
- 1 Lorbeerblatt
- einige Rosmarinnadeln

Vorbereitungszeit: ca. 25 Minuten

- Sämtliche Zutaten für die Füllung zusammen vermischen.
- Die Rindsrouladen beidseitig würzen und auf der Arbeitsfläche auslegen. Mit Senf bestreichen und mit je zwei Scheiben Frühstücksspeck belegen.
- Die Hackfleischfüllung darauf verteilen und einrollen. Mit Küchenfaden zusammen binden.
- Die Rouladen im heißen Butterschmalz rundum anbraten und herausnehmen.
- Die Hitze reduzieren, Möhren und Lauch im verbliebenen Butterschmalz anbraten, mit dem Rotwein ablöschen und mit der Bratensauce auffüllen.
- Lorbeerblatt, Rosmarin und Rouladen in die Sauce geben und alles zugedeckt auf kleinem Feuer 30-40 Minuten schmoren lassen. Von Zeit zu Zeit die Rouladen wenden.
- Anschließend die Rouladen herausnehmen, den Faden und das Lorbeerblatt entfernen und die Sauce durch ein Sieb drücken oder im Mixer pürieren.
- Mit dem Fleisch in die Pfanne zurückgeben, nochmals kurz erhitzen.
- Zu Polenta oder Petersilienkartoffeln servieren.

Zutaten

- 4 Hähnchenbrüste

Füllung:
- 1 Schalotte, fein gewürfelt
- 50 g gekochter Schinken, fein gewürfelt
- 150 g Emmentaler Switzerland, gerieben
- 2 Zweige Koriander, gehackt
- Salz, Pfeffer, wenig Muskatnuß

- Salz, Pfeffer, Paprika, Rosmarinpulver
- 2 EL Butter
- 0,1 l Weißwein

Sauce:
- 20 g Butter oder Kräuterbutter
- 12 Blätter Sauerampfer, fein gehackt
- 2 Zweige Petersilie, gehackt
- 0,25 l süße Sahne
- Salz, Pfeffer

Vorbereitungszeit:
ca. 20 Minuten

Hähnchenbrust an Sauerampfer-Sauce

- Bei den Hähnchenbrüsten längs eine tiefe Tasche einschneiden.
- Für die Füllung sämtliche Zutaten zusammen vermischen, in die Hähnchenbrüste füllen und mit einem Zahnstocher verschließen.
- Rundum würzen und in der erhitzten Butter anbraten.
- Mit dem Weißwein ablöschen und zugedeckt auf kleiner Flamme 10-15 Minuten schmoren lassen.
- In der Zwischenzeit Sauerampfer und Petersilie für die Sauce in der Butter kurz andünsten, mit der Sahne ablöschen und unter Rühren einkochen, bis die Sauce eine sämige Konsistenz aufweist, würzen.
- Die Hähnchenbrüste auf den vorgewärmten Tellern anrichten und mit der Sauce umgießen.
- Eventuell mit einigen Korianderblättern garnieren.

Herzhaftes Gebäck

Rezept: Seite 151

Blätterteighütchen mit Brokkoli-Füllung

Zutaten

- 500 g Brokkoli
- 30 g Butter
- 1 Schalotte, gehackt
- 250 g braune Champignons, in Scheiben geschnitten
- 100 g gekochter Schinken, in Streifen geschnitten
- 1 gestrichener EL Mehl
- 100 g Sauerrahm
- Salz, Pfeffer
- 750 g Blätterteig, tiefgekühlt
- 100 g Greyerzer Switzerland, gerieben
- 1 Ei, verquirlt

Vorbereitungszeit: ca. 20 Minuten

- Den Brokkoli putzen, die Röschen von den Stengeln trennen.
- Die Stengel in 1 cm dicke Stücke schneiden, in Salzwasser 10 Minuten köcheln lassen, die Röschen zufügen und nochmals 5 Minuten köcheln. Abschrecken, in ein Sieb leeren und gut abtropfen lassen.
- Die Schalotte in der Butter glasig braten, Champignons und Schinken beigeben und alles 8 Minuten dünsten.
- Mit Mehl bestäuben, kurz mitdünsten und den Sauerrahm zufügen. Würzen, mit dem Brokkoli vermischen und beiseite stellen.
- Den Blätterteig 3 mm dick ausrollen und 8 Quadrate von 16 cm Seitenlänge ausschneiden.
- Die Füllung in der Mitte der Teigquadrate verteilen und mit Greyerzer bestreuen.
- Die Teigränder mit Ei bestreichen und die Teigecken gegen die Mitte über die Füllung legen.
- Auf ein mit kaltem Wasser abgespültes Blech legen, mit Ei bestreichen und 10 Minuten kühl stellen.
- Anschließend im vorgeheizten Ofen (220° C) ca. 20 Minuten backen.

Oliven-Kuchen

- Mehl und Backpulver zusammen in eine Schüssel sieben und eine Mulde eindrücken.
- Die Eier und die Hälfte des Olivenöls in die Mulde geben, mit einem Holzlöffel vermischen und nach und nach das restliche Olivenöl und den Wein zufügen, bis ein glatter Teig entsteht.
- Greyerzer, Oliven und Schinken darunterziehen, würzen.
- Den Teig in eine mit Backpapier ausgelegte Kastenform (ca. 24 cm lang) füllen.
- Im vorgeheizten Ofen (190° C) ca. 40 Minuten backen, bis der Kuchen sich vom Rand löst.
- In der Form etwas auskühlen lassen, herausnehmen, Backpapier entfernen und in Scheiben geschnitten servieren.

Zutaten

- 225 g Mehl
- 1 TL Backpulver
- 4 Eier, verquirlt
- 0,1 l Olivenöl
- 0,1 l Weißwein
- 100 g Greyerzer Switzerland, in kleine Würfel geschnitten
- je 20 schwarze und grüne Oliven, entsteint und klein geschnitten
- 100 g gekochter Schinken, in kleine Würfel geschnitten
- Salz, Pfeffer nach Belieben
- Butter für die Form

Vorbereitungszeit: ca. 15 Minuten

Zwiebelkuchen nach Großmutter Art

Zutaten

- 50 g Butter
- 600 g Zwiebeln, in Streifen geschnitten
- Pfeffer aus der Mühle
- 600 g heller Brotteig (beim Bäcker vorbestellen)
- Butter für das Blech

Belag:
- 100 g Frühstücksspeck, in Scheiben geschnitten
- 100 g Emmentaler Switzerland, gerieben
- 100 g Appenzeller Switzerland, gerieben
- 50 g Speckwürfel

Guß:
- 2 Eier
- 1 Becher Sauerrahm
- Salz, Pfeffer
- 1 EL Kümmelsamen

Vorbereitungszeit:
ca. 25 Minuten

- Zwiebeln in der Butter 10-15 Minuten dünsten, mit Pfeffer würzen und auskühlen lassen.
- Den Brotteig mit dem Nudelholz ausrollen und ein bebuttertes Kuchenblech damit auslegen.
- Die Speckscheiben auf den Teigboden auslegen und mit dem Emmentaler bestreuen.
- Die gedünsteten Zwiebeln darüber verteilen, mit dem Appenzeller bestreuen und mit Speckwürfeln belegen.
- Sämtliche Zutaten für den Guß zusammen verrühren und über den Kuchen verteilen.
- Im vorgeheizten Ofen (220° C) 40-45 Minuten backen.
- Heiß servieren.

Blätterteig-Käsestangen

Zutaten

- 500 g Blätterteig (2 Päckchen à 250 g), tiefgekühlt
- 2 Eier, verquirlt
- 120 g Emmentaler Switzerland, gerieben
- Mohnsamen, Kümmel, Sesam

Vorbereitungszeit: ca. 20 Minuten

- Blätterteig auftauen lassen und mit dem Nudelholz ausrollen.
- Eine Teigplatte mit Ei bestreichen und die Hälfte des Emmentalers darüber streuen.
- Darauf eine zweite ausgerollte Teigplatte legen und gut andrücken.
- Anschließend 3-4 cm breite Streifen schneiden, mit Ei bestreichen und mit Mohn, Kümmel oder Sesam bestreuen.
- Die Streifen wie Locken etwas drehen und auf ein mit Backpapier belegtes Blech setzen.
- Im vorgeheizten Ofen (220° C) 10-15 Minuten backen.
- Lauwarm oder kalt servieren.

- **Tip:** Es ist wichtig, daß der Käse frisch gerieben wird, und zwar möglichst fein. So vermischt er sich am besten mit dem Teig und entfaltet beim Backen sein köstliches Aroma.

Lauch-Pastetchen

Zutaten

Teig:
- **500 g Mehl**
- **200 g kalte Butter**
- **2 TL Salz**
- **0,2 l Wasser**

Füllung:
- **200 g gehacktes Lammfleisch**
- **2 Knoblauchzehen, durchgepreßt**
- **Salz, Pfeffer, wenig Kümmelpulver, Cayenne-Pfeffer**
- **6 Zweige Thymian, abgezupft**
- **1 mittlere Stange Lauch, längs halbiert, in dünne Scheiben geschnitten**
- **150 g Tilsiter Switzerland, in Scheiben geschnitten**
- **6 kleine rohe Kartoffeln, geschält, in dünne Scheiben geschnitten**
- **Salz**
- **1 Ei, verquirlt**

Vorbereitungszeit:
ca. 20 Minuten

- Das Mehl auf die Arbeitsfläche sieben, die Butter in kleinen Stückchen über das Mehl verteilen und alles zwischen den Fingern verreiben.
- Das Salz im Wasser auflösen, zum Mehl geben und alles rasch zu einem geschmeidigen Teig kneten. Der Teig sollte nicht zu lange geknetet werden, sonst wird er zäh. In Folie verpackt 30 Minuten kühlstellen.
- Das Lammfleisch mit dem Knoblauch und den Gewürzen vermischen.
- Den Teig 2-3 mm dick ausrollen und in 8 längliche Vierecke oder Kreise schneiden. Den Lauch darauf verteilen, mit den Tilsiterscheiben belegen und das Fleisch darauf legen.
- Mit den Kartoffeln dachziegelartig belegen und leicht salzen.
- Die Teigränder mit Wasser bestreichen und über der Füllung verschließen.
- Auf ein mit Backpapier belegtes Blech setzen und mit Ei bestreichen.
- Im vorgeheizten Ofen (220° C) 25-30 Minuten backen.
- Warm servieren.

Pilz-Taschen

- Für die Füllung die Zwiebel in der Butter glasig braten.
- Die Pilze beigeben und 5 Minuten dünsten.
- Petersilie zufügen, würzen und so lange dünsten, bis alle Flüssigkeit wieder eingekocht ist. Etwas auskühlen lassen.
- Mit Sbrinz, Sauerrahm und Eigelb vermischen und evtl. nachwürzen.
- Den Blätterteig mit dem Nudelholz 3 mm dick ausrollen. 8 Quadrate mit 12 cm Kantenlänge ausschneiden.
- Einen Löffel Füllung in die Mitte geben. Die Teigränder mit Ei bestreichen, zu Dreiecken zusammenklappen, die Ränder gut andrücken und mit einem Löffelstiel oder Teigrädchen verzieren.
- Mit Ei bestreichen und 10 Minuten kühlstellen.
- Anschließend im vorgeheizten Ofen (220° C) 15-20 Minuten backen und warm servieren.

Zutaten

Füllung:

- **30 g Butter**
- **1 Zwiebel, gehackt**
- **150 g Pfifferlinge, geputzt**
- **150 g Steinpilze oder Champignons, in Scheiben geschnitten**
- **1/2 Bund Petersilie, gehackt**
- **Salz, Pfeffer**
- **100 g Sbrinz Switzerland, gerieben**
- **3-4 EL Sauerrahm**
- **1 Eigelb**
- **evtl. Salz, Pfeffer**

- **500 g Blätterteig, tiefgekühlt**
- **1 Ei, verquirlt**

Vorbereitungszeit: ca. 20 Minuten

Vier-Käse-Pizza

Zutaten

- **500 g Pizza-, Brot- oder Kuchenteig**
- **Butter für das Blech**

Belag:
- **1 EL Olivenöl**
- **100 g Greyerzer Switzerland, grob gerieben**
- **100 g Appenzeller Switzerland, grob gerieben**
- **100 g Tilsiter Switzerland, in dünne Scheiben geschnitten**
- **150 g Blauschimmelkäse, in Würfel geschnitten**
- **2 EL rosa Pfeffer, grob zerdrückt**

Vorbereitungszeit: ca. 10 Minuten plus Teigzubereitung

- Den Teig mit dem Nudelholz ausrollen und ein rundes oder eckiges, bebuttertes Blech damit auslegen.
- Mit Olivenöl bestreichen.
- Die Käse abwechselnd in diagonalen Streifen auf den Teigboden verteilen und mit Pfeffer bestreuen.
- Im vorgeheizten Ofen bei 220° C ca. 15 bis 20 Minuten backen.

Fenchel-Quiche

Zutaten

- 1 EL Butter
- 4 kleinere Fenchelknollen, halbiert, in feine Streifen geschnitten
- 2 EL Rotweinessig
- 0,15 l Wasser
- Salz, Pfeffer, Muskatnuß
- 100 g Frühstücksspeck, in Streifen geschnitten
- 250 g Blätterteig (Tiefkühlware), rund ausgerollt
- Butter für das Blech
- 150 g Emmentaler Switzerland, grob gerieben
- 60 g Appenzeller, grob gerieben

Guß:

- 2 Eier
- 2 gehäufte EL Sauerrahm
- Salz, Pfeffer

Vorbereitungszeit: ca. 20 Minuten

- Die Fenchelstreifen in der Butter gut andünsten.
- Mit Rotweinessig und Wasser ablöschen, würzen und zugedeckt bei mittlerer Hitze ca. 15 Minuten knackig kochen und auskühlen lassen. Anschließend mit den Speckstreifen vermischen.
- Ein rundes, bebuttertes Kuchenblech von ca. 27 cm Durchmesser mit dem Teig auslegen, einen Rand formen und mit einer Gabel stupfen.
- Den Emmentaler darauf verteilen, die Fenchelmasse einfüllen und mit dem Appenzeller bestreuen.
- Alle Zutaten für den Guß zusammen vermischen und über die Fenchelmasse verteilen.
- Im vorgeheizten Ofen (220° C) ca. 30 Minuten backen.
- Heiß servieren.
- Die Fenchelmasse kann einige Stunden vorher zubereitet werden.

Schweizer Klassiker

Rezept: Seite 160

Fondue Riche

Zutaten

Gemüse:
- 1 kleiner Blumenkohl, in Röschen zerteilt
- 4 Karotten geschält, in Scheiben geschnitten
- 4 kleine Fenchel, halbiert
- 2 Paprika, halbiert, entkernt, in Vierecke geschnitten

Beilagen nach Belieben:
- 1 Glas Maiskölbchen
- 1 Glas Cornichons
- gefüllte Oliven
- gekochte Garnelen

Fondue:
- 600 g Greyerzer Switzerland, grob gerieben
- 1 Knoblauchzehe, fein gewürfelt
- 10 g Butter
- 1 TL Stärkemehl
- 0,3 l trockener Weißwein
- 1 TL Zitronensaft
- 1 Gläschen Kirsch oder anderer klarer Obstbrand
- Muskatnuß, Pfeffer
- 1 kg Baguette

Vorbereitungszeit:
ca. 20 Minuten

- Die Gemüse einzeln in Salzwasser knackig kochen. Abschrecken und gut abtropfen lassen. Die Fenchelhälften noch in Streifen schneiden.
- Die Gemüse und Beilagen auf Teller oder in Schüsseln anrichten.
- Die Butter im Caquelon (Fonduetopf) schmelzen und die fein geschnittene Knoblauchzehe ohne Farbe andünsten.
- Den Wein und Obstbrand auf einmal zugeben und aufkochen lassen, dann den Zitronensaft hinzugeben.
- Den geriebenen Käse mit dem Stärkemehl mischen, auf einmal in das Caquelon geben und unter ständigem Rühren aufkochen.
- Das fertige Fondue mit Muskatnuß und weißem Pfeffer würzen.
- Sobald das Fondue anfängt zu kochen, die Hitze reduzieren, so daß es nur noch leicht vor sich hin köchelt.
- Aber Achtung, das Fondue darf nicht unter den Siedepunkt abkühlen, da es sonst „Fäden" zieht.

Appenzeller Fondue

- Das Caquelon (Fonduetopf) mit der Knoblauchzehe ausreiben.
- Den Wein mit dem Stärkemehl mischen und zum Sieden bringen.
- Den geriebenen Käse auf einmal in das Caquelon geben und unter ständigem Rühren aufkochen, bis eine glatte Crème entsteht (etwa 15 bis 20 Minuten).
- Die längere Kochzeit ist absichtlich so bemessen, damit das Fondue sämiger wird und weniger „Fäden" zieht.
- Den Kirsch zugeben, das fertige Fondue mit Muskatnuß und weißem Pfeffer würzen.
- Sobald das Fondue anfängt zu kochen, die Hitze reduzieren, so daß es nur noch leicht vor sich hin köchelt.
- Aber Achtung, das Fondue darf nicht unter den Siedepunkt abkühlen, da es sonst „Fäden" zieht.

Zutaten

- **1 000 g Appenzeller Switzerland, fein gerieben**
- **1 Knoblauchzehe, fein gewürfelt**
- **2 bis 3 geh. TL Stärkemehl**
- **0,4 l trockener Weißwein**
- **1 TL Zitronensaft**
- **1 Gläschen Kirsch oder anderer klarer Obstbrand**
- **Muskatnuß, Pfeffer**
- **1 kg Baguette**

Neuenburger Fondue

- Die Butter im Caquelon (Fonduetopf) schmelzen und die fein geschnittene Knoblauchzehe ohne Farbe andünsten.
- Den Wein und den Obstbrand auf einmal zugeben und aufkochen lassen, dann den Zitronensaft hinzugeben.
- Den geriebenen Käse mit dem Stärkemehl mischen, auf einmal in das Caquelon geben und unter ständigem Rühren aufkochen.
- Das fertige Fondue mit Muskatnuß und weißem Pfeffer würzen.
- Sobald das Fondue anfängt zu kochen, die Hitze reduzieren, so daß es nur noch leicht vor sich hin köchelt.
- Aber Achtung, das Fondue darf nicht unter den Siedepunkt abkühlen, da es sonst „Fäden" zieht.

- **Tip**: Fondue läßt sich immer wieder variieren. Stellen Sie doch einmal Ihre ganz persönliche Mischung zusammen!
  Grundsätzlich bildet Greyerzer die Basis. Als weitere beliebte Fonduekäse gelten Emmentaler, Appenzeller, Tilsiter, Freiburger Vacherin, Raclette Käse und Sbrinz. Ganz eigenwillige Geschmacksvarianten erzielen Sie, wenn Sie Schabziger, Tête de Moine, Vacherin Mont d'Or oder Blauschimmelkäse beigeben. Aber auch die verschiedenen Bergkäse bringen interessante neue Fondue-Genüsse.
  Variieren läßt sich aber auch mit den Gewürzen. Probieren Sie es doch einmal mit Kümmel, mit Curry oder grünem Pfeffer aus dem Glas!

Zutaten

- 600 g Greyerzer Switzerland, grob gerieben
- 1 Knoblauchzehe, fein gewürfelt
- 10 g Butter
- 1 geh. TL Stärkemehl
- 0,3 l trockener Weißwein
- 1 TL Zitronensaft
- 1 Gläschen Kirsch oder anderer klarer Obstbrand
- Muskatnuß, Pfeffer
- 1 kg Baguette

Vorbereitungszeit:
ca. 10 Minuten

Raclette

Zutaten

- **250 bis 300 g Raclette Switzerland, pro Person**
- **Pellkartoffeln, pro Person etwa 250 g**

verschiedene Beilagen nach Belieben, zum Beispiel:

- **Cornichons, Silberzwiebeln, Mixed Pickles,Oliven**
- **Obst (frisch oder aus dem Glas) : Ananas, Birnen, Pfirsiche, Aprikosen**

Gemüse:

- **(Kirsch-)Tomaten, frische Champignons, Zucchini-Scheiben**

- **roher und gekochter Schinken, in Streifen geschnitten**
- **Garnelen**
- **angebratene Medaillons vom Rind oder Schwein**
- **Pfeffer aus der Mühle**

Vorbereitungszeit: abhängig von den Zutaten

- Das traditionelle Walliser Raclette-Essen wird noch heute auf offenem Feuer zelebiert.
- Dazu werden halbe Käselaibe mit der Schnittfläche vor das Feuer gehalten.
- Die dann schmelzende und leicht brodelnde Schnittfläche wird mit einem Spezialmesser oder der stumpfen Rückseite eines Brotmessers auf einen vorgewärmten Teller abgestrichen und mit wenig Pfeffer aus der Mühle gewürzt.
- Ein Abstrich ergibt jeweils eine Portion und wird mit Pellkartoffeln und diversen Zutaten – je nach Geschmack – serviert.
- Im Haushalt gibt es heute verschiedene Tischgeräte. Sie bieten entweder die Möglichkeit, halbe Käse zu verwenden (besonders geeignet für den Familien- oder Freundeskreis, dann rechnet man sogar mit 400 bis 500 g Käse pro Person). Oder aber, jeder Gast verfügt über sein eigenes Raclette-Pfännchen. In diesem Fall ist jeder sein eigener Koch, belegt also seine Pfännchen selbst und läßt den Käse schmelzen.

Fondue Moitié-Moitié

Zutaten

- 1 Knoblauchzehe, geschält, halbiert
- 400 g Greyerzer, gerieben
- 4 gestrichene TL Kartoffelstärke
- 0,35 l Weißwein
- 1 TL Zitronensaft
- 400 g Freiburger Vacherin, grob gerieben
- 1 Gläschen Kirschwasser
- 1 Prise Cayenne-Pfeffer
- 1 kg Baguette

- Das Caquelon (Fondue-Topf) mit der Knoblauchzehe ausreiben.
- Den Greyerzer mit der Kartoffelstärke vermischen und zusammen mit dem Weißwein und dem Zitronensaft unter Rühren aufkochen, bis der Käse geschmolzen ist. Die Hitze reduzieren, unter Rühren den Vacherin beigeben und nur noch schmelzen lassen.
- Mit Kirschwasser und Cayenne-Pfeffer würzen und sofort servieren.
- Das Fondue auf dem Rechaud nur noch warmhalten und nicht mehr kochen lassen.

Zutaten

- 100 g Sbrinz Switzerland, gehobelt (pro Person)
- Süß-saure, evtl. auch scharfe Saucen-Spezialitäten (Fertigprodukte aus der Feinkostabteilung):
- Feigen-, Ananas-, Orangensauce oder einen Früchte-Mix

- Pinienkerne
- Nüsse
- kaltgepreßtes Olivenöl
- Kapern
- Balsamico-Essig

Vorbereitungszeit:
ca. 10 Minuten

Sbrinz-Carpaccio

- Sbrinz mit dem Sbrinz-Hobel oder einem Kartoffelschälmesser in hauchdünne Scheiben hobeln.
- Auf einer großen Platte dekorativ anrichten.
- Dazu nimmt sich beim Essen jeder Gast Zutaten nach Belieben: Olivenöl, Saucen, Nüsse ... der Phantasie sind keine Grenzen gesetzt.
- Als Beilage paßt knuspriges Weißbrot.
- Dient das Carpaccio als komplette Mahlzeit, rechnet man pro Person mit 100 g Sbrinz, als Dessert mit 50 g der Käsespezialität.

Eignet sich auch als Single-Rezept.

Käse aus der Schweiz – von Natur aus beste Qualität

Die traditionelle Handwerkskunst des Käsens ist schon seit vielen Jahrhunderten in den kleinen Schweizer Dorfkäsereien lebendig. Hier entsteht jeder Laib noch aus naturbelassener Schweizer Rohmilch, wird von Hand gepflegt und bekommt viel Zeit, natürlich zu reifen.

Den Schweizer Käsemeistern liegt es nicht nur am Herzen, daß diese ursprünglichen Herstellungsverfahren und geheimen Rezepturen stets an die nächste Generation weitergegeben werden. Sie sorgen auch für eine strenge, lückenlose Qualitätskontrolle – von der Milch bis zum fertigen Käse.
So ist garantiert, daß die vielfältigen Käseköstlichkeiten aus der Schweiz immer der reinste Genuß sind.

Wer Wert auf gesunde Ernährung legt, ist mit Käse aus der Schweiz gut bedient. Schließlich enthalten Emmentaler, Appenzeller & Co. all die wichtigen Inhaltsstoffe der Milch. Der Käse ist reich an Eiweiß und Kalzium.
Noch eine Anmerkung: Der Kochsalz-Gehalt von Emmentaler ist mit 0,5 Prozent für einen Hartkäse extrem niedrig.

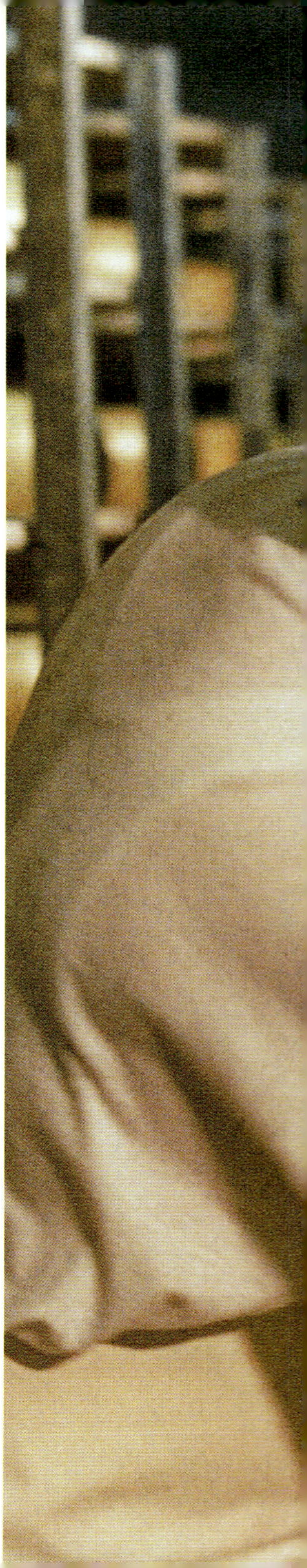

Tips zur Lagerung – so bleibt Käse länger köstlich:

- Nicht unter 4° C lagern; die ideale Temperatur liegt zwischen 12 und 15° C.
- Angeschnittenen Käse in Frischhaltefolie einwickeln, um Anlaufen und Austrocknen zu verhindern.
- Käse entfaltet sein Aroma am besten, wenn man ihn bei 16 bis 18° C genießt; also rechtzeitig aus dem Kühlschrank nehmen!

Erst das richtige Getränk macht aus einem guten Essen ein köstliches Mahl. Und daß Käse und Wein bestens harmonieren, ist unter Gourmets schon seit Jahrhunderten eine Binsenweisheit.
Aber welcher Wein paßt am besten zu welchem Gericht? Abgesehen vom persönlichen Geschmack, dem man in jedem Fall Vorrang einräumen sollte, können einige Regeln bei der richtigen Wahl helfen.

Rot oder weiß?

Dunkles Fleisch, kräftige Käsesorten und gut gewürzte Speisen vertragen sich bestens mit Rotwein. Zu leichten Vorspeisen, Salaten, Gemüsegerichten und natürlich zu Fisch empfiehlt sich Weißwein.

Leicht oder schwer?

Grundsätzlich gilt: leichter Wein zu leichten Gerichten und schwerer Wein zu kräftigen Speisen.

Trocken oder lieblich?

Liebliche Weine mit einem hohen Anteil natürlicher Restsüße eignen sich nur als Dessertwein. Deshalb zu Vor- und Hauptspeisen einen trockenen oder eventuell halbtrockenen Wein wählen. Damit liegt man immer richtig.

Gekühlt oder temperiert?

Je leichter, frischer und jünger der Wein, desto kühler sollte er getrunken werden. Weißweine, mit Ausnahme von Dessertweinen, immer gut gekühlt servieren. Sehr junge, fruchtig-frische Rotweine ebenfalls leicht gekühlt genießen. Ältere, schwerere Rotweine hingegen wärmer servieren (15-18° C) und einige Stunden vor dem Essen entkorken. So kann der Wein „atmen" und entfaltet sein volles Bouquet.

Und zum Schluß noch ein heißer Tip, was man nach einem Schweizer Fondue-Klassiker genießen sollte: Ein Gläschen Obstbrand regt nicht nur die Verdauung an, sondern rundet auch geschmacklich das Schweizer Nationalgericht auf fruchtige Weise ab.

Im Zweifelsfall geht Probieren aber immer noch über Studieren. In diesem Sinne – ein köstliches Prost!

SCHWEIZ SUISSE SVIZZERA SWITZERLAND
Käse aus der Schweiz
SWITZERLAND

EMMENTALER® SWITZERLAND

réserve EMMENTALER® SWITZERLAND

GREYERZER® SWITZERLAND

réserve GREYERZER® SWITZERLAND

Sbrinz® SWITZERLAND

Fromage Käse Queso Cheese
Appenzeller® SWITZERLAND

TÊTE DE MOINE SWITZERLAND

Tilsiter SWITZERLAND

Freiburger SWITZERLAND

Vacherin Mont-d'Or SWITZERLAND

Raclette SWITZERLAND

FONDUE SWITZERLAND